PSICOLOGIA DA APRENDIZAGEM
Da teoria do condicionamento ao construtivismo

Conselho Acadêmico
Ataliba Teixeira de Castilho
Carlos Eduardo Lins da Silva
Carlos Fico
Jaime Cordeiro
José Luiz Fiorin
Tania Regina de Luca

Proibida a reprodução total ou parcial em qualquer mídia
sem a autorização escrita da editora.
Os infratores estão sujeitos às penas da lei.

A Editora não é responsável pelo conteúdo deste livro.
Os Autores conhecem os fatos narrados, pelos quais são responsáveis,
assim como se responsabilizam pelos juízos emitidos.

Consulte nosso catálogo completo e últimos lançamentos em **www.editoracontexto.com.br**.

Nelson Piletti
Solange Marques Rossato

PSICOLOGIA DA APRENDIZAGEM

Da teoria do condicionamento ao construtivismo

Copyright © 2011 dos Autores

Todos os direitos desta edição reservados à
Editora Contexto (Editora Pinsky Ltda.)

Foto de capa
"Pensando no futuro", Jaime Pinsky

Montagem de capa e diagramação
Gustavo S. Vilas Boas

Preparação de textos
Lilian Aquino

Revisão
Lourdes Rivera

Dados Internacionais de Catalogação na Publicação (CIP)
(Câmara Brasileira do Livro, SP, Brasil)

Piletti, Nelson
Psicologia da aprendizagem : da teoria do condicionamento ao construtivismo / Nelson Piletti, Solange Marques Rossato. – 1. ed., 10ª reimpressão. – São Paulo : Contexto, 2025.

Bibliografia.
ISBN 978-85-7244-661-7

1. Aprendizagem 2. Construtivismo 3. Psicologia cognitiva 4. Psicologia da aprendizagem 5. Psicologia do desenvolvimento 6. Psicologia educacional I. Rossato, Solange Marques. II. Título.

11-08766 CDD-370.15

Índice para catálogo sistemático:
1. Desenvolvimento e aprendizagem :
Psicopedagogia : Educação   370.15

2025

EDITORA CONTEXTO
Diretor editorial: *Jaime Pinsky*

Rua Dr. José Elias, 520 – Alto da Lapa
05083-030 – São Paulo – SP
PABX: (11) 3832 5838
contato@editoracontexto.com.br
www.editoracontexto.com.br

Sumário

Introdução 9

Skinner: condicionamento e aprendizagem 13
    Precursores do behaviorismo 15
    Condicionamento clássico 16
    Condicionamento operante: Skinner 17
    Condicionamento operante: alguns conceitos 18
    Educação: aquisição de novos comportamentos 22
    Relação ensino-aprendizagem 24
    O professor e a instrução programada 26
    Máquinas de ensinar: uma possibilidade de aprender 28
    Sala de aula: a punição e outros interferentes 29

Teoria da Gestalt: percepção e aprendizagem 35
    Princípios fundamentais da teoria da Gestalt 36
    Organização da percepção e as leis que a regem 37
    Gestalt e aprendizagem 40
    O professor e o aluno: o currículo como uma totalidade 42
    A Gestalt, a educação e a indisciplina em sala de aula 44

Freud: inconsciente e aprendizagem ... 47
   Psicanálise e instâncias do psiquismo ... 48
   Organização das estruturas psíquicas: o id, o superego e o ego ... 51
   Mecanismos de defesa ... 52
   Fases de desenvolvimento psicoafetivo da criança ... 56
   Psicanálise e educação ... 61

Piaget: desenvolvimento cognitivo e aprendizagem ... 65
   Conhecimento: indagações necessárias ... 66
   Desenvolvimento cognitivo ... 67
   Desenvolvimento: um movimento em busca do equilíbrio ... 68
   Estágios de desenvolvimento cognitivo ... 71
   Aprendizagem: repensando a educação ... 79

Vigotski: desenvolvimento cultural e aprendizagem ... 81
   A educação escolar no processo de humanização do homem ... 83
   As funções psicológicas superiores: independência do homem ... 85
   O desenvolvimento da criança: de ações reflexas a intencionais ... 87
   O desenvolvimento da criança e suas mudanças "revolucionárias" ... 90
   Relações entre aprendizagem e desenvolvimento humano ... 91
   Desenvolvimento: do proximal ao real ... 94
   Processo de aprendizagem: conceitos cotidianos e científicos ... 96
   A Psicologia Educacional e o conhecimento científico ... 98

Wallon: desenvolvimento integral e aprendizagem ... 101
   Wallon: teoria e interfaces ... 102
   Afetividade e inteligência ... 103
   Estágios de desenvolvimento ... 105
   Relação professor-aluno ... 109
   Papel da escola ... 111
   Projeto Langevin-Wallon ... 112
   A educação e a teoria de Wallon ... 114

Rogers: humanismo e aprendizagem ... 117
    Carl Ransom Rogers: liberdade para aprender ... 118
    O homem e sua tendência para a realização ... 119
    Desenvolvimento: em busca de sua plenitude ... 120
    Sobre a educação, o ensino e a aprendizagem ... 121
    Facilitação da aprendizagem: qualidades essenciais ... 123
    Aprendizagem com significado: um envolvimento pessoal ... 125
    Avaliação ... 128
    Rogers e a educação no Brasil ... 128

Emilia Ferreiro: construtivismo e alfabetização ... 131
    A crítica aos métodos tradicionais de alfabetização ... 133
    O duplo marco conceitual da psicogênese da língua escrita ... 135
        O construtivismo de Piaget aplicado à alfabetização ... 135
        A influência da psicolinguística de Noam Chomsky ... 138
    Princípios básicos da psicogênese da língua escrita ... 140
    Concepções de crianças sobre a escrita ... 141
    Etapas de estruturação da língua escrita ... 143
    Implicações psicopedagógicas da psicogênese da língua escrita ... 146
    Alfabetização de jovens e adultos: Emilia Ferreiro e Paulo Freire ... 147
    Considerações críticas à psicogênese da língua escrita ... 148

A motivação e os processos de ensino e aprendizagem ... 151
    Motivação e educação escolar ... 152
    Motivação e necessidade de reforço ... 153
    Teoria cognitiva da motivação ... 155
    Motivação e hierarquia das necessidades ... 156
    Motivação inconsciente ... 158
    Motivação para a aprendizagem ... 160
    Motivação para ensinar ... 163
    Considerações finais ... 167

Bibliografia ... 169

Os autores ... 173

Introdução

Muito mais difícil do que ampliar o acesso à escola, processo no qual alcançamos inegáveis avanços, notadamente no que se refere ao ensino fundamental, é promover a melhoria da qualidade da educação, objetivo em relação ao qual continuamos patinando, praticamente sem sair do lugar.

Construir prédios, universalizando a frequência escolar, é apenas o primeiro passo, o ponto de partida, que compete aos poderes públicos. O grande desafio está não só em viabilizar a permanência de crianças e jovens na escola – que ainda estamos longe de concretizar, de modo especial nos níveis infantil e médio –, mas, principalmente, em fazer com que eles aprendam o que lhes é ensinado. Ou seja, realizem os objetivos que a nossa Constituição atribui à educação escolar: o seu pleno desenvolvimento, o seu preparo para o exercício da cidadania e a sua qualificação para o trabalho.

E essa tarefa não cabe apenas aos poderes públicos, e, sim, à sociedade como um todo, em particular aos mais diretamente envolvidos no trabalho escolar, professores e alunos, que, juntos, poderão tornar os processos de ensino e aprendizagem mais significativos e realizadores.

Estamos convencidos, porém, de que a aprendizagem não decorre automaticamente do ensino. O professor pode planejar e executar uma ótima aula, com os recursos mais atualizados, as tecnologias mais avançadas, e a aprendizagem simplesmente não ocorrer.

Claro que são inúmeros os fatores que levam ao fracasso do ensino, do contexto socioeconômico-cultural à história individual e familiar de professores e alunos. Avultam, no entanto, no âmbito especificamente escolar, a inadequação e a falta de articulação entre os processos de ensino e de aprendizagem. Ou, por outra, no planejamento das atividades de ensino, não levar em conta as características do aprendiz e a dinâmica do processo de aprendizagem, pode inviabilizar a concretização dos objetivos estabelecidos. Não se ensina no vazio, a alunos abstratos.

Por isso, com este pequeno, mas substancial volume, pretendemos contribuir para que professores e futuros professores aprimorem a sua compreensão da dinâmica do processo de aprendizagem; e estimular a reflexão sobre quem são os alunos das nossas escolas, como se desenvolvem, mas, principalmente, como aprendem e como podemos favorecer a sua aprendizagem e o seu engajamento no trabalho cotidiano escolar.

A única certeza é que todos têm capacidade para aprender. Entretanto, há diversas concepções sobre o processo de aprendizagem. E cada um aprende sob determinadas condições e de acordo com o próprio ritmo.

Aqui oferecemos um panorama dessas concepções, no intuito de subsidiar professores e futuros professores na escolha do caminho que mais condiz com a sua maneira de pensar e sentir, as características dos seus alunos e a realidade em que atuam.

Assim sendo, nosso principal objetivo é evidenciar as contribuições específicas da Psicologia à compreensão do processo de aprendizagem e à busca da eficácia da educação escolar. Refletimos sobre diversas teorias psicológicas, seus conceitos e métodos, sua compreensão de homem e de educação, de modo especial nos aspectos que interessam aos processos de ensino e aprendizagem. Destacamos em cada uma dessas teorias aqueles elementos mais diretamente vinculados ao trabalho escolar, que possam servir de apoio efetivo ao educador em seu quefazer cotidiano na sala de aula; sem, contudo, pretender transmitir "receitas", esquemas prontos, ao contrário, procuramos discutir possibilidades e limites, estimulando os profissionais de educação a fazerem suas próprias escolhas em função da realidade em que realizam o seu trabalho.

Assim, apresentamos teorias psicológicas que enfatizam os fatores externos, as forças ambientais, como o behaviorismo ou comportamentalismo, que concebe a aprendizagem como mudança de comportamento resultante de um processo de condicionamento (capítulo "Skinner: condicionamento e aprendizagem").

Outras teorias, como a Gestalt, atribuem maior ênfase a fatores internos – percepção, intuição, compreensão – como decisivos na efetivação da aprendizagem (capítulo "Teoria da Gestalt: percepção e aprendizagem").

Também defensora da influência decisiva de fatores internos, só que representados pela estrutura da personalidade, com ênfase no inconsciente, é a Psicanálise (capítulo "Freud: inconsciente e aprendizagem").

Já a psicogenética advoga em prol do chamado interacionismo, ou seja, que a aprendizagem decorre de fatores internos ou inatos e externos ou ambientais, que interagem no processo de desenvolvimento (capítulo "Piaget: desenvolvimento cognitivo e aprendizagem").

A essas quatro teorias, consideradas clássicas, podemos acrescentar outras quatro, caudatárias das primeiras em menor ou maior grau: Vigotski (capítulo "Vigotski: desenvolvimento cultural e aprendizagem") enfatiza o vínculo entre a aprendizagem escolar e a cultura constituída historicamente; Wallon (capítulo "Wallon: desenvolvimento integral e aprendizagem"), para quem no processo de ensino e aprendizagem deve-se levar em conta o desenvolvimento integral do indivíduo, em suas dimensões afetivas, intelectuais, motoras e sociais; Rogers (capítulo "Rogers: humanismo e aprendizagem") considera que a aprendizagem só ocorrerá e será duradoura na medida em que resultar do engajamento livre do indivíduo, trabalhando coletivamente em relações caracterizadas pela empatia e pelo respeito mútuo; e Emilia Ferreiro (capítulo "Emilia Ferreiro: construtivismo e alfabetização"), que se refere a uma mudança radical na concepção da alfabetização, a partir da própria criança, que vai dirigindo o processo e construindo o próprio conhecimento.

Finalmente, no capítulo "A motivação e os processos de ensino e aprendizagem", refletimos sobre a importante questão da motivação, discutindo as diversas interpretações, mas enfatizando o seu papel decisivo na promoção da aprendizagem.

Convidamos professores e futuros professores a caminharem conosco na busca de uma educação de melhor qualidade, convictos de que, nas palavras de Mario Quintana, "são os passos que abrem os caminhos".

Skinner: condicionamento e aprendizagem

> "Ensino é o arranjo das contingências de reforço que acelera a aprendizagem. Um aluno aprende sem que lhe ensinem, mas aprenderá mais eficientemente sob condições favoráveis."
> *Skinner*

Este primeiro capítulo é dedicado ao behaviorismo ou comportamentalismo, destacando principalmente as contribuições de Skinner para a compreensão do comportamento e dos processos de aprendizagem considerados relevantes para a educação.

Os behavioristas, na busca por compreender o comportamento (*behavior*, em inglês) observável ou manifesto, enfatizam as relações entre este e o ambiente, ou seja, enfocam em seus estudos o papel e a influência dos estímulos ambientais na determinação de nossas ações.

A opção teórica e metodológica do behaviorismo, de apenas estudar (observar e descrever) o comportamento observável como forma de ajustá-lo ao meio, pode ser entendida em razão de que, nos anos 1950, os Estados Unidos (palco central do behaviorismo) vivenciava um crescente processo de urbanização, com o avanço industrial e a expansão do sistema escolar. Processo que contribuiu para que a Psicologia tivesse um papel ativo em conformidade com a exigência de adequação dos indivíduos às escolas, às fabricas, colaborando nos exames, na classificação, na seleção, no controle sobre o indivíduo, necessários nesses novos espaços.

O behaviorismo constitui um conjunto de teorias, com muitas variantes (comportamentalismo, análise objetiva, análise do comportamento), que focalizam o comportamento como o mais adequado objeto de estudo da Psicologia. Nesse caso, os sentimentos, os pensamentos, a inteligência, a consciência e outros estados mentais ou subjetivos não são tomados em sua abordagem teórica, na medida em que não podem ser estudados empiricamente, motivo pelo qual o corpo (visto como uma "caixa preta") e seu funcionamento são caracterizados como algo que não pode ser conhecido e ao mesmo tempo como irrelevante para explicar as relações entre os estímulos e o comportamento.

Desse modo, para o behaviorismo, explicar um fenômeno significa demonstrar sua funcionalidade, ou seja, demonstrar sob que condições ele ocorre e com quais características, que mudanças no ambiente resultam nele, numa busca por compreender por que fazemos o que fazemos, e o que devemos e não devemos fazer. O que pode resultar disso, segundo esta vertente teórica, é o fato de que explicar o comportamento é assumir controle sobre ele.

Se pensarmos no nosso aluno, sabemos que exercemos controle sobre seus comportamentos, na medida em que o conhecemos, em que sabemos quais consequências têm um valor reforçador para ele (como, por exemplo, a atenção do professor, a nota) e, a partir disso, planejamos uma sequência (a cada etapa da atividade realizada passo por sua carteira e lhe faço um elogio), de tal modo que aumente a possibilidade de que ele passe a se comportar em acordo aos objetivos previamente estabelecidos na relação ensino-aprendizagem em questão.

Essa visão contrariava movimentos teóricos existentes em fins do século xix, dentre eles a escola funcionalista de William James (1842-1910), que buscava explicar o comportamento e a aprendizagem humana através da análise introspectiva da experiência, e responder "o que fazem os homens e por que o fazem", tomando a consciência como foco das preocupações. Temos ainda Edward Bradford Titchener (1867-1927), que se opunha ao estudo experimental dos processos fisiológicos, não negando a existência da mente, mas destacando que ela perde sua autonomia, na medida em que depende sempre e se explica completamente em termos de sistema nervoso.

Precursores do behaviorismo

Na busca por métodos objetivos embasados na experimentação, Edward Lee Thorndike (1874-1949) ficou conhecido por sua "Lei do efeito", a qual preconizava que o indivíduo responde à punição ou à recompensa. Qualquer resposta que o organismo considera satisfatória tende a se repetir, pois se associa a essa situação, e qualquer resposta que resulta num efeito desagradável dificilmente se repetirá.

Há, portanto, uma ênfase nas sensações agradáveis e desagradáveis, como importantes fixadoras das respostas dadas pelos indivíduos. Verifica-se que o efeito do prazer é o que fixa a resposta. Em suma, destacava-se nessa lei a associação entre uma resposta ou um comportamento e suas consequências, ou seja, o papel das consequências na aprendizagem, base para o behaviorismo de Skinner.

John Broadus Watson (1878-1958), o primeiro a usar o termo behaviorismo em 1913, com a publicação do artigo "Psicologia: como os behavioristas a veem", declarava que o grande foco da Psicologia, enquanto ciência objetiva, deveria ser o comportamento concreto do ser humano, visando à sua previsão e controle. Dá início a uma série de publicações que dissemina a sua abordagem teórica, que se estende até meados de 1950, quando o behaviorismo é tido como a força dominante na Psicologia, principalmente nos Estados Unidos (Lefrançois, 2008).

Assim, essa "ciência do comportamento", fundada por Watson, veio a ser chamada de análise comportamental, ainda que pensadores tal como Baum (2006) acreditem que o behaviorismo não é ciência em si, mas uma Filosofia da ciência.

Condicionamento clássico

Ivan P. Pavlov (1849-1936), um fisiologista russo, deu início em 1902 ao desenvolvimento dos estudos do chamado condicionamento clássico. Ele é considerado um dos primeiros cientistas da área da Psicologia a deixar de estudar os fenômenos subjetivos do comportamento humano.

Pavlov realizou uma série de experimentos que resultou na base desse conceito. Estudou o comportamento reflexo, que envolve as respostas não voluntárias (o sugar do bebê quando lhe é colocado um objeto na boca, arrepiar quando sente o ar frio etc.), e demonstrou que, através da aprendizagem, um novo estímulo, definido como estímulo neutro, pode vir a eliciar uma resposta reflexa já existente (reflexo condicionado).

Para melhor compreender o funcionamento do condicionamento, pensemos no experimento de Pavlov com cães: verificou que esses animais, em presença de uma comida, apresentavam o reflexo de salivação, sem que houvesse a necessidade de aprendizagem para que assim ocorresse. No entanto, descobriu que tocando uma campainha e apresentando imediatamente a comida ao cão, após seguidas associações, o som ouvido passava a evocar a mesma resposta que a comida, ou seja, a salivação. O som era um estímulo neutro, mas ao ser pareado com a comida também passava a eliciar a resposta de salivação; mesmo sem a apresentação do alimento o animal já salivava.

E como poderia ser retirado esse comportamento de salivar mediante o som do repertório do cão? Isso ocorreria se, ao soar seguidas vezes a campainha, não mais fosse apresentado o alimento ao cão. Teríamos, então, a extinção da resposta de salivação mediante a exposição do som.

A importância do condicionamento clássico para a escola behaviorista foi a de demonstrar que é possível controlar respostas involuntárias-reflexas associando-as a determinados estímulos.

Vale mencionar que a dita teoria não explica as aprendizagens vinculadas aos nossos comportamentos voluntários. Assim, se pensarmos, por exemplo, em comportamentos como escrever um texto, assistir a um programa de televisão, veremos que estes são realizados pelo indivíduo como forma de influenciar o seu ambiente, ou seja, estamos diante de comportamentos operantes, definidos como respostas (comportamentos) determinadas por suas relações com as consequências.

Condicionamento operante: Skinner

Ao condicionamento clássico de Pavlov, também chamado condicionamento respondente, apoiado no comportamento reflexo, Burrhus Frederic Skinner (1904-1990), acrescentou o seu conceito-chave de condicionamento operante, compreendendo o comportamento dos organismos não influenciado apenas por alterações ambientais antecedentes. Nesse caso, o indivíduo, ao comportar-se, provoca alterações no ambiente e este, ao mesmo tempo, altera o modo como ele se comporta (Glassman e Hadad, 2006).

Skinner foi um dos psicólogos mais conhecidos dos Estados Unidos. Nascido na Pensilvânia, numa família em que o pai era um advogado reconhecido, já na sua infância demonstrou grande interesse pela leitura, boas habilidades manuais e um reconhecido talento para literatura. Graduou-se em Harvard e passou a dedicar-se à pesquisa. No entanto, foi apenas após seu doutorado, em 1931, e muitas pesquisas, que Skinner difundiu o que ele denominou análise experimental do comportamento e foi o propositor do behaviorismo radical, que considerava os estados mentais inacessíveis ao estudo científico.

Realizou experimentos com ratos em laboratório, colocando-os em caixas-gaiolas, em que eles, ao tocar uma alavanca, recebiam alimento, água. Ou seja, os ratos aprendiam a associar o comportamento de pressionar uma alavanca com o recebimento de alimento. Daí, sempre que estivessem com fome, pressionavam a alavanca.

Sua teoria resulta na convicção de que os comportamentos podem ser governados. E o que ele busca são as leis que permitem tal controle. Para Skinner (2007), as causas do comportamento estão fora do organismo e o que o homem faz é resultado de condições específicas, que, sendo descobertas, suas ações podem ser determinadas, sugerindo que todo o comportamento pode ser previsível e, portanto, controlável. O que exige conhecer as contingências, ou seja, como se dão as interações das ações do indivíduo com o seu meio e as alterações produzidas a partir destas, sob determinadas condições. Desse modo, considerar essas contingências é que permite compreender os comportamentos do indivíduo. Nesse contexto, ao dar ênfase ao mundo exterior ao organismo, a educação é revelada como de grande importância por propiciar as contingências favoráveis, num modelo que dê conta do sucesso do indivíduo.

A partir dessa abordagem teórica, para compreender os comportamentos-respostas dos alunos em sala de aula, por exemplo, devemos entender como certas consequências assumiram valor reforçador para eles, o que, por outro lado, envolve recorrer à sua história de interações passadas com o seu ambiente a fim de explicar e conhecer essas particularidades, ou seja, por que, para eles, determinadas consequências (a nota, o elogio, o castigo etc.) são reforçadoras, enquanto outras não exercem influência sobre o seu comportamento.

Condicionamento operante: alguns conceitos

De acordo com Skinner (2007), o comportamento operante realiza-se sem nenhum estímulo externo observável. Nesse caso, a resposta do organismo é "aparentemente espontânea", pois ainda que haja um estímulo provocando tal reação, ele não é detectado com a emissão da resposta.

No entanto, comportamento não é qualquer ação do indivíduo, mas aquela que afeta o ambiente e é afetada por ele. Assim, os comportamentos (as respostas emitidas pelo organismo) resultando em uma ação no ambiente são do tipo operante. E são as consequências do comportamento, ou seja, os eventos que se seguem a uma resposta, que interferem na probabilidade de ele ocorrer novamente. Tais consequências são os chamados *reforçadores*.

Glassman e Hadad (2006) esclarecem que os reforçadores considerados básicos (primários) são os relacionados à sobrevivência, como água, comida, roupa quando se está com frio. Por outro lado, há diversos eventos ambientais que não são baseados na sobrevivência biológica e que, no entanto, funcionam como reforçadores, são estímulos que foram associados a um reforçador primário e que são denominados reforçadores condicionados, como o dinheiro, a atenção, o elogio.

Uma aprendizagem operante, para Baum (2006), ocorre como consequência de uma relação entre um estímulo e uma atividade. Se uma ação ocorre a fim de evitar uma consequência, estamos diante de uma relação (comportamento e resultado) negativa, diminuindo as chances de a resposta se repetir. Pelos resultados insatisfatórios, aversivos decorridos, esse processo é definido como reforçamento negativo; se houve uma diminuição da resposta pelo reforçamento negativo, ocorre o que Skinner chama de *punição*.

Por outro lado, agimos também para obtermos uma consequência positiva, uma recompensa (reforçador positivo), que torna mais provável a resposta futuramente (reforçamento positivo). Por exemplo, se o aluno ganhar do professor um carimbo no caderno (com significado de elogio), ao realizar sua tarefa de casa, isso aumenta a probabilidade de ele realizar a tarefa novamente.

Será possível pensar que um reforçador negativo pode aumentar a probabilidade de um comportamento ocorrer novamente? Digamos que uma criança é punida, repreendida, por não comportar-se bem na sala de aula e, com isso, ainda que a intenção fosse eliminar tal conduta, houve um aumento da frequência de sua resposta; isso é possível devido à repreensão significar, para essa criança, atenção (olhar, falar com...), ou seja, um reforçador positivo e, por outro lado, ficar quieta, manter-se sentada na cadeira etc., pode não resultar nessa mesma atenção e o professor pode, nesse momento, não se dirigir ao aluno, mas, ao contrário, imediatamente o fazer diante de um mau comportamento.

Em suma:

Reforçador positivo = aumenta a resposta (recompensa)
↓
Retirada = redução da resposta

Reforçador negativo = aumenta a resposta (fuga, esquiva, alívio)
↓
Punição = redução da resposta (castigo, penalidade)

Esses conceitos envolvem a compreensão de que dentro do condicionamento operante, o foco está sobre *o que o indivíduo faz, as circunstâncias sob as quais faz e as consequências de sua ação*. Essa tríade, em seu conjunto, é definida por Skinner por *contingências* do comportamento e deve ser objeto de análise, o que permite compreender por que determinadas ações acontecem em situações distintas e com determinadas consequências. Enfim, quando um reforçador se dá imediatamente depois de uma resposta, resulta num aumento ou diminuição na probabilidade de que essa resposta ocorra novamente sob circunstâncias similares. Devemos lembrar que o valor (a importância) do reforçador é determinado pela própria pessoa e depende da privação do organismo para determinado estímulo. No seu experimento com ratos, estes apresentam maior possibilidade de apertar a alavanca para obter água se estiverem sem beber água por algum tempo. Com isso, é importante que seja observado o tipo do reforçador presente e a sua relação com a resposta.

Assim, nessa teoria, ao ensinar uma criança a ler, por exemplo, necessitamos elaborar um programa de reforços educacionais, em que as respostas adequadas, em suas unidades, sejam reforçadas com frequência, a fim de se chegar ao objetivo comportamental. Até porque não se aprende a ler um texto de um momento para o outro; pode-se aprender as letras, as sílabas, as palavras, as frases etc., e, em cada etapa a criança vai sendo reforçada (com elogios, atenção, notas) até chegar à resposta desejada de ler o texto. Skinner (2007) chamou esse processo de *modelagem*, ou seja, um processo de reforçamento por aproximação sucessiva de uma resposta (esperada), em que o operante é o resultado de um contínuo processo de modelagem. "O condicionamento operante modela o comportamento como o escultor modela a argila" (p. 101).

Para Baum (2006), o convívio de uma criança numa cultura humana necessita de uma modelagem contínua, sem a qual seria provavelmente impossível aprender tudo de que precisa. Num processo de aquisição de uma nova resposta, o instrumento fundamental da modelagem é o reforço, ou seja, a consequência de uma ação quando ela é percebida por aquele que a pratica. No entanto, essa necessidade de reforço, na medida em que o comportamento ocorre, pode ser modificada. Por exemplo, a criança que está na alfabetização inicialmente tem seu comportamento de ler reforçado pelo professor ou pelos pais e, posteriormente, pode ser reforçada pelo fato de conseguir ler sozinha seus textos, seus livros de história, não havendo mais a necessidade daqueles reforçadores.

Dentro do condicionamento operante, um fator a ser considerado é que o reforçamento deve obedecer à contiguidade, isto é, ele deve ocorrer imediatamente após a resposta pretendida, aumentando a frequência da mesma. Desse modo, quando o aluno, por exemplo, que resiste em ir ao quadro negro escrever algo que lhe foi solicitado, se ele o faz, ainda que reclamando, o professor deverá elogiar de imediato essa conduta, aumentando as chances de essa resposta de ir ao quadro, quando solicitado, acontecer de novo.

E o que ocorre se uma pessoa que recebia reforçamento por um determinado comportamento, não o receber mais? Há a possibilidade de que aconteça uma queda na resposta, uma cessação, quando o reforçamento é descontinuado, podendo resultar na *extinção* do comportamento. Por outro lado, se o comportamento já estiver instalado, ele pode se manter por bastante tempo sem necessidade de estímulo reforçador frequente, como é o caso do comportamento de birra em que os pais acabam dando o doce para que a criança pare de gritar, espernear, chorar, ainda que não a reforcem todas as vezes com o doce solicitado. No futuro, em condições semelhantes, é provável que a criança repita o mesmo comportamento, pois em algum momento obteve a consequência esperada: o doce.

Vemos, portanto, que, em nosso cotidiano, nem sempre um reforço é dado continuamente, ainda assim aprendizagens ocorrem e os comportamentos persistem, mesmo com um reforço *intermitente*. A exemplo disso, nem sempre somos elogiados quando cozinhamos, mas continuamos a fazê-lo. Há várias possibilidades de reforçamento, que Skinner definiu por *esquemas de reforçamento*, como reforçar sempre, ou a cada período, ou a cada determinado número de respostas.

Quando, por exemplo, estou com sede (em pleno verão) e vou até a geladeira buscar por água. E assim o faço, pois, em minha história de vida, é a resposta que mais me proporcionou reforçadores (acabar com a minha sede). No entanto, pode não haver água nesse local, e o que farei é ir buscar sanar minha sede de outras formas: tomar água da torneira, comprá-la em uma lanchonete, no supermercado, ou seja, vou recorrer a outros comportamentos que foram reforçados anteriormente diante da situação de sede.

Por fim, lembramos que os reforçadores e punidores podem ser diversificados, diferem de cultura para cultura e, ao longo da vida, a pessoa pode mudar em relação a eles – o que era reforçador pode deixar de sê-lo. Baum (2006) explica que na sociedade, certas ações são reforçadas ou punidas por membros do grupo, assim, são reforçados comportamentos definidos como normais para determinada cultura e punidos os considerados desviantes.

Educação: aquisição de novos comportamentos

Na concepção de Skinner (2007: 437), a educação é vista como algo importante na vida da pessoa, tendo em vista que a mesma compreende "o estabelecimento de comportamentos que serão vantajosos para o indivíduo e para outros em algum tempo futuro".

Nesse caso, para o efetivo estabelecimento de comportamentos, a escola proporciona a aplicação de condicionamentos através de uma gama variada de reforçadores artificiais (elogios, notas, promoções, diplomas etc.).

O autor esclarece que a educação trabalha muito mais com a aquisição de novos comportamentos do que com a sua manutenção e, nessa perspectiva, prepara seus alunos para situações futuras, que provavelmente irão ocorrer em determinadas circunstâncias, que já não estarão vinculadas ao âmbito escolar. E determinando ou não a manutenção de tal comportamento, o qual é definido pela sua "utilidade" para a família, para a sociedade. Os objetivos educacionais, ao serem definidos antecipadamente, devem buscar a possibilidade de projetar a modelagem de um adulto.

Em suma, ensinar consiste no arranjo de contingências de reforço sob as quais educandos aprendem, lembrando que a educação está relacionada com a cultura na qual o indivíduo está inserido e que se compõe de todas as variáveis que o afetam de algum modo e que são dispostas por outras pessoas.

Falcone (2006) esclarece que o condicionamento operante já nos anos de 1960 (nos Estados Unidos) foi aplicado na área de educação, com a organização do ensino programado, consistindo na apresentação de um material acadêmico para cada aluno e imediatamente à resposta deste, era apresentado o reforço. Se a resposta fosse correta, o aluno poderia continuar avançando, caso contrário deveria voltar às questões anteriores. Skinner centrava-se na avaliação dos tipos mais adequados de sequência das matérias a serem lecionadas e nas técnicas de elaboração dos programas educativos que, segundo ele, ao se utilizar de materiais projetados para recompensar os avanços de cada um na aprendizagem, torna-a mais rápida e interessante.

Relação ensino-aprendizagem

De acordo com a perspectiva teórica de Skinner, quando se objetiva proceder a uma avaliação no que tange à adequação ou não de determinado procedimento de ensino, é preciso centrar-se nas respostas emitidas em sua prática, ou seja, no alcance ou não do resultado que o mesmo fornece em relação ao que era esperado, avaliando, assim, a sua eficiência (Luna, 2003). Em consonância com esse enfoque, os aspectos internos, as variáveis internas, são abandonados como explicação, pois de nada vale elucidar e associar as dificuldades dos alunos, por exemplo, ao seu desinteresse, à sua desmotivação, pois estas não nos proporcionam o aprendizado sobre o modo como eles aprendem, revelam apenas quem está "interessado" em aprender. Assim, há nesse caso a necessidade de mudanças nas condições ambientais.

Desse modo, deve-se analisar o comportamento do aluno a fim de verificar suas necessidades de aprendizagem, bem como o repertório (de comportamentos, aprendizagens) que ele traz para as situações de ensino e ainda as consequências capazes de interagir com ele e manter seu comportamento e, assim, estabelecer quais são os estímulos capazes de reforçar o comportamento desejável de seus alunos. O professor teria como tarefa descrever o repertório de seus alunos e, com isso, planejar o que seria necessário para que estes atinjam o que se queira que eles alcancem. Aumentam as chances de esse professor obter sucesso se puder observar seus alunos em outros ambientes, como fora da sala de aula, nas brincadeiras, na rua, buscando compreender os esquemas de reforçamento presentes. Tarefa essa que não é nada fácil, pela necessidade e inviabilidade de organizar um experimento com todo o seu rigor científico; o que de modo algum exclui das escolas a presença do behaviorismo em seu cotidiano.

Assim, de um modo geral e sob esta perspectiva, um bom ensino exige que o professor planeje as atividades dos educandos especificando o que eles deverão fazer, e em que circunstâncias, e estabelecer as consequências. Nesse processo, deverá haver avaliação e revisão das atividades, em consonância aos objetivos fins. Como se pôde constatar, é um planejamento da atividade do aluno, mais do que da do professor.

Analisando o processo ensino-aprendizagem, Skinner (1972) considera que simplesmente "aprender fazendo" não faz com que um aluno aprenda. Apenas praticar, não significa que o aluno tenha aprendido a fazer de modo eficaz e também não vai elevar a probabilidade de ocorrer novamente a resposta emitida. O autor alerta para a importância da transmissão da cultura aos alunos e que aos mesmos deve ser propiciado o acúmulo de conhecimentos, de práticas sociais, de aptidões etc., o que não é possível por uma simples descoberta. Os alunos não aprendem exclusivamente fazendo, ou mesmo praticando; estar em contato com o ambiente não resulta diretamente na aprendizagem. Como já explicitamos, isso requer um comportamento e as suas consequências diretas, numa utilização de técnicas específicas.

Numa abordagem comportamental, as contingências de reforço são essenciais para que ocorra a aprendizagem e o esquema em que essas contingências surgem é o que vai indicar a frequência do comportamento aprendido.

Para explicar o fato de que alguns alunos preferem determinadas atividades em sala de aula e não outras, como ler um livro de história, realizar operações matemáticas, ou escrever um texto, é importante que nos voltemos para a história de interações passadas desses alunos com o seu ambiente. Isso permite compreender por que certas consequências são reforçadoras, ou são incapazes de manter o comportamento, ou ainda aversivas para outros. Além disso, agimos de determinados modos e, em relação a estes, há sempre consequências. Se elas são positivas para o organismo, a tendência é repetir tais comportamentos.

O comportamento de ler será mantido, por exemplo, se houver algum valor reforçador, como o elogio, a expressão, o sorriso do professor, dos pais. A leitura pode promover a habilidade de decifrar novas palavras e com o tempo o relaxamento, o prazer. Skinner (2007) ressalta que há muita diferença entre manter um aluno lendo pelo valor reforçador no comportamento de ler ou pela possibilidade de ser reprovado se não o fizer. Por isso, o ensino deve ser cuidadosamente planejado para que gradativamente o aluno possa emitir o comportamento desejado mesmo sem que ocorram os reforçadores externos.

Mais uma vez destacamos que cabe a quem "ensina" ser capaz de arranjar as contingências de reforço (e para isso deve ter uma boa formação e conhecimento da teoria comportamental) de forma a facilitar a aprendizagem. Nessa lógica, se o professor é visto como quem "ensina bem" é possível indicar que ele facilita a aquisição de uma resposta pelo indivíduo, pois para Skinner (1972: 4) "ensinar é o ato de facilitar a aprendizagem". A qualidade do ato de ensinar do professor, e do método utilizado por ele, tem relação direta com o ato de aprender do aluno. Processo que é facilitado com o conhecimento do professor de como o aluno aprende e, com isso, de qual a melhor forma de ensiná-lo.

Se o aluno não aprende, possivelmente é porque o modo como ele aprende e o que faz com que ele aprenda, de alguma maneira, não foram compreendidos pelos responsáveis pelo ensino.

Por fim, Skinner (1972) considera que toda criança ao nascer possui potencial biológico para aprender alguma coisa, o que não significa, por outro lado, que o conhecimento nasce junto com ela.

O PROFESSOR E A INSTRUÇÃO PROGRAMADA

Ao proceder a uma análise sobre o ensino empreendido, Skinner (1972) defende que deve ocorrer com a aplicação de um programa constituído de uma sequência do material educativo (textos programados), que resulta na divisão desse em pequenas partes, em unidades simples e, a serem ensinadas passo a passo. À medida que cada etapa é vencida, o aluno é adequadamente reforçado. Desse modo, para ele a organização da programação do ensino orienta-se pela definição da sequência do material educativo, pelos objetivos a serem almejados e pelo planejamento da avaliação do programa. Tal organização envolve preocupações, dentre

outras, a de traçar objetivos que sejam significativos e conteúdos que contemplem esta significação. A programação compreende, ainda, alguns elementos considerados básicos, levando em conta conteúdos e objetivos específicos, aos quais o professor deverá estar atento. Entre eles, tem-se:
- **a)** É importante estabelecer, em cada disciplina, o que o aluno não sabe e organizar-se para ensiná-lo, proceder a observações, análise e avaliação do grau de preparo, para determinadas aprendizagens, dos conhecimentos prévios.
- **b)** Ao considerar as dificuldades do aluno, devem-se ensinar as primeiras coisas primeiro, ou seja, organizar a sequência de ensino numa progressão correspondente às suas dificuldades; definir que atividades o aluno deverá realizar para atingir os objetivos propostos. Como, por exemplo, para poder realizar os cálculos de multiplicação, a criança deve aprender noções de quantidade, dominar a aprendizagem somatória, de agrupamento, a tabuada etc.
- **c)** Ao organizar um ensino, deve-se planejá-lo tendo em vista o aluno e mantendo-o permanentemente em atividade.
- **d)** É necessário que se criem condições para a autoavaliação e que a prática do *feedback* seja constante, de modo a possibilitar, se necessário, um replanejamento em busca do sucesso na aprendizagem; avaliação do programa, dos processos de ensino e dos alunos.
- **e)** O planejamento requer a atenção para que se organizem etapas pequenas e que só se avance com o domínio de etapas anteriores, haja vista que um acúmulo de dificuldades pode resultar em desestímulo para o aluno.

Para tornar o aluno competente em determinada matéria, é fundamental que os reforços sejam contingentes ao fim de cada passo (mesmo que pequeno), em que a conclusão seja adequada. É importante utilizar o reforçador adequado para a resposta adequada. Assim, uma programação de ensino, se bem conduzida e planejada, poderá levar ao sucesso do aluno. Skinner (1972) revela que o professor tem papel fundamental no planejamento das condições de aprendizagem, pois é de sua responsabilidade que o aluno aprenda e, assim, uma avaliação do trabalho do professor deve estar relacionada ao que o aluno aprendeu e não ao que o professor ensinou.

A parte mais representativa do sistema educacional é o professor. Para compreendê-lo é preciso compreender as contingências que reforçam o seu comportamento de ensinar. Nessa esfera, ele afirma que a remuneração pode, em algum momento, ser um atrativo para o trabalho do professor, mas efetivamente o comportamento de ensinar emitido nas aulas é reforçado por outras consequências, entre as quais se destaca o resultado da aprendizagem do aluno, ou seja, "o efeito sobre o estudante é a consequência mais importante na modelagem do comportamento do professor" (Skinner, 1972: 239).

Para que o professor possa realizar-se é preciso, então, que no processo de ensinar ele dê conta de organizar as contingências de reforços essenciais para o alcance das respostas desejadas em relação ao aprendizado escolar. Quanto maior for a capacidade e eficiência dos professores, possivelmente mais fortes serão a apropriação e o desenvolvimento da cultura.

Máquinas de ensinar: uma possibilidade de aprender

Skinner (1972) aponta como método eficaz em sala de aula as máquinas de ensinar, que são aparelhos com a utilização de passos graduais no processo de aprendizagem. Assim, o reforço é dado por um sinal indicando o acerto da resposta do aprendiz à pergunta feita pela máquina, imediatamente após cada resposta correta. A máquina é programada de modo a permitir a apresentação gradual do conteúdo de forma a fazer a modelagem, como também pode resolver o problema de tornar o reforço contingente ao comportamento, apresentando-o imediatamente após este.

Skinner acreditava que, justamente por exercer funções simples, as máquinas iriam livrar os professores de tais tarefas. O papel da máquina consistiria em reforçar ou não a resposta do aluno, cabendo aos educadores e à instituição escolar definir a programação do estudo. Esse aspecto do uso da máquina de ensino representa para Skinner (1972: 25) que "a professora pode começar a funcionar, não no lugar de uma máquina barata, mas através dos contatos intelectuais, culturais e emocionais daquele tipo todo especial que testemunham a sua natureza de ser humano".

Para que essas máquinas possam ser utilizadas de maneira eficaz, é necessário que a resposta do aluno a algum questionamento, preferencialmente, não seja escolhê-la entre múltiplas opções (reconhecê-la), e sim lembrá-la. Além disso, para o aluno aprender um comportamento complexo, a máquina deve fornecer uma sequência bem estruturada de passos, em que gradualmente o aluno se lance rumo a alcançar o objetivo final.

Skinner (1972) afirma que é possível ensinar um aluno a estudar e que para tanto deve-se ensinar-lhe técnicas de autogoverno, a fim de que possam ser aumentadas as possibilidades de que o que foi visto ou ouvido seja lembrado. Estudar por si mesmo também é um comportamento e, portanto, também deve ter sido aprendido para poder ser realizado. Assim, ensinar o aluno a estudar por si mesmo é fazer com que ele seja capaz de controlar o seu próprio comportamento de aprender.

Por fim, de acordo com essa perspectiva, tanto a máquina de ensinar quanto a instrução programada buscam levar o aluno a estudar individualmente, sem intervenção direta do professor, com apoio de um material previamente elaborado e organizado, com aplicação e reforçamento gradual, adaptado às possibilidades do educando, segundo seu ritmo próprio, maturidade e conhecimentos anteriores.

Sala de aula: a punição e outros interferentes

Ao observarmos as salas de aula, verificamos, em boa medida, a escassez com que são apresentados os reforçadores positivos aos alunos. Em alguns casos, o próprio aluno é capaz de observar o sucesso de sua aprendizagem e ter seu comportamento de aprender reforçado com isso, mas no início do processo a principal fonte de reforçamento é o professor.

No entanto, diante do mau comportamento ou, ainda, do mau desempenho escolar, os alunos são punidos verbal ou fisicamente, o que pode resultar em castigo (ficar num canto da sala), em repreensão verbal (com exposição e humilhação), em ameaça, expulsão da sala, ou em penalidade, como a retirada do recreio ou de um passeio, da atenção, de um brinquedo.

Mas o que dizer da utilização da punição (resposta seguida de um reforçador negativo) no cotidiano escolar? Skinner (2007) manteve-se contundente em sua condenação à aplicação desta. Avalia que estes métodos são bastante evidenciados nas escolas e outras instituições na busca de exercer controle sobre seus membros. Acredita que os estímulos aversivos (punição, castigo) resultam em efeitos colaterais indesejáveis, principalmente, com respostas emocionais que podem levar ao comportamento esperado pelo professor, desencadeando, porém, de forma mais relevante, estados emocionais negativos associados a quem pune.

Ainda que a punição tenha condições de eliminar ou enfraquecer algum comportamento inadequado, ela não tem papel instrutivo. Então, mesmo que altere determinado comportamento, como a indisciplina, deixando o aluno quieto, isso não implica no seu aprendizado de prestar atenção. Além disso, quando a punição é suspensa, gradativamente o comportamento indesejado tende a reaparecer.

Ao considerarmos essas questões, vemos que o professor "detém" o poder e a autoridade, e os alunos, muitas vezes, passam boa parte do tempo fugindo de técnicas aversivas, com a realização de atividades que não têm reforços positivos e que não têm motivação para executá-las. Não é por acaso, de acordo com essa perspectiva teórica, que muitas vezes o aluno mantém o comportamento de desligado nas aulas, movimentando-se com frequência na cadeira, entrando e saindo da sala, torna-se agressivo, não vem à escola, chega atrasado etc. Além disso, muitas provas se consolidam em verdadeiras ameaças (ter nota ou não, ser aprovado ou não), numa exposição (negativa) do que os alunos não sabem e como armas para induzi-los a estudar. De acordo com a concepção de Skinner, quando se aplica uma prova como forma de ameaça, de punição, esta pode ser acompanhada de ansiedade, interferindo no desempenho do aluno.

Assim, o reforço positivo, que falta muito em sala de aula, é mais eficaz do que a punição quando se quer alterar algum comportamento (eliminar respostas indesejáveis), quando se quer que algo seja aprendido. Além disso, a punição desvia a atenção para o comportamento indesejável, ao invés de indicar o comportamento desejável.

No contexto da sala de aula, o professor deve lembrar que sua aprovação ou feição funciona como reforçador e que ele pode se utilizar de materiais e outros recursos que atraiam os alunos, tornando a aula mais interessante, como quebra-cabeças, brinquedos, jogos pedagógicos, livros de literatura, músicas, filmes. Essas atividades diferenciadas podem ajudar a manter o aluno trabalhando e ser utilizadas pelos educadores como reforçadores, quando da apresentação de comportamentos adequados.

Para Skinner (1972), o melhor processo para favorecer a aprendizagem do aluno é o que ele denomina de reforçamento pelo sucesso em sua capacidade de operar no meio. Nesse caso, esse processo ocorre quando o aluno aprende algo e esse algo é capaz de fazer com que ele seja capaz de melhor compreender, modificar e agir no seu ambiente, sendo reforçado por esse ambiente.

Portanto, um dos grandes problemas do ensino, na concepção de Skinner (1972), consiste na utilização de controle aversivo. O autor explica que as técnicas aversivas continuam sendo aplicadas pela falta de desenvolvimento de alternativas que tenham resultados mais eficazes. Para substituir o controle aversivo nas salas de aula, entre outras coisas, é preciso planejar uma forma de fazer com que a aprendizagem do aluno gere consequências naturalmente reforçadoras ao aprender. Mas por que ir à aula já não é mais tão interessante? Será que os reforçadores que as crianças possuem em casa (televisão, computador, atenção dos pais) são mais eficientes que os da escola?

Existem diversas maneiras de ensinar um indivíduo a fazer algo. Como já vimos, a modelagem (método de aproximação sucessiva) é uma delas. Skinner (2007) afirma que, apesar de ser eficiente em várias situações, esse método pode trazer alguns sentimentos aversivos (como o tédio). Um método que pode ser mais rápido do que a modelagem é a modelação por contingências ou regras, em que é fornecido um modelo de comportamento e toda vez que o aluno emite uma resposta bem próxima à do modelo é reforçado (ou autorreforçado). É possível ainda dizer ao aluno o que ele deve fazer e o professor reforçá-lo assim que o fizer; o que exige por outro lado, que o aluno tenha, previamente, em seu repertório as respostas que serão exigidas pelo professor.

Para Skinner (1972), como vimos, um comportamento pode ser eliminado (extinto) se não for reforçado. Assim, quando um aluno que perturba a aula com risos e palavras tolas, e por isso tem a atenção dos colegas e do professor, perde esta atenção, provavelmente deixará de emitir tal comportamento. Há ainda a possibilidade de esse aluno ser reforçado positivamente (o professor aproximar-se dele, passar a mão em sua cabeça, elogiar sua conduta positiva – sem fazer referência à negativa) quando não estiver emitindo tais comportamentos.

Devemos lembrar que, para qualquer método ou programação que a instituição de ensino for utilizar, é necessário o conhecimento dos interesses, da história de vida do indivíduo, pois são essas variáveis que vão determinar o que é reforçador para uma pessoa. Além disso, um bom planejamento das estratégias a serem utilizadas com comportamentos específicos é mais eficaz do que as abordagens menos organizadas. Para isso é preciso mostrar ao aluno que ele pode usar o que aprendeu num momento em situações diferentes, tendo como referencial a sua história de vida (e também as situações em que foi reforçado anteriormente). Lembremos que se o comportamento não existe no repertório do aluno, então será preciso ensiná-lo.

Além dessas considerações, Skinner ressalta que um ensino eficiente deve compreender tanto o comportamento do aluno, quanto o de quem ensina (os pais, os professores etc.) e de todos os envolvidos no sistema educacional, os que estabelecem as políticas educacionais. É preciso conhecer quais as contingências e regras que influenciam o modo de agir e de pensar dos responsáveis pela manutenção do sistema educacional.

Teoria da Gestalt: percepção e aprendizagem

> "Nenhum fenômeno é particularmente misterioso em si mesmo, mas qualquer um deles pode tornar-se misterioso para nós. O traço característico do despertar do espírito humano é precisamente o fato de que um fenômeno adquire significado para ele."
> *Wittgenstein*

Opondo-se ao behaviorismo, surge a Psicologia da Gestalt, cujos estudos consideram os fenômenos psicológicos um conjunto autônomo e indivisível na sua configuração e organização, relacionado à percepção e às leis de organização perceptual.

Os fundadores e difusores da Gestalt estudaram Filosofia e Psicologia na Universidade de Berlim, sendo eles: Max Wertheimer (1880-1943), que publicou em 1912 seus *Estudos experimentais da percepção do movimento*, representando o marco inicial da Psicologia da Gestalt; Wolfgang Köhler (1887-1967), que realizou vários estudos sobre a cognição dos chimpanzés, observando o comportamento destes quanto à solução de problemas, e Kurt Koffka (1886-1940), que publicou um grande número de obras importantes, com estudos nessa área.

Nos anos de 1920, a Gestalt, desenvolvida no Instituto de Psicologia da Universidade de Berlim, usufruía de um dos mais bem equipados laboratórios do mundo, com pesquisas sobre vários problemas psicológicos, tratando-se (na Alemanha) de uma escola dominante, com muitos adeptos e estudiosos. No entanto, a ascensão dos nazistas ao poder (1933) e suas ações repressivas levaram muitos estudiosos a deixar o país. Com isso, o centro da Gestalt passou para os Estados Unidos, mas não teve a mesma coesão e repercussão.

Princípios fundamentais da teoria da Gestalt

Definir a palavra *Gestalt* é um tanto quanto difícil em outras línguas, que não na alemã, por não haver equivalentes, o que dificulta compreender claramente o que o movimento representa. De acordo com Moraes (2007), a palavra alemã tem o sentido de forma, de atributo dado às coisas; a significação de uma unidade concreta. O que percebemos, para os defensores da Gestalt, *são relações e não sensações*. E, a partir dessas percepções, tal como as apreendemos, é que nos comportamos, nos emocionamos e agimos.

Em suma, a Gestalt foi relacionada, em geral, à percepção, mas não como uma simples reunião de elementos sensoriais, haja vista que: "A percepção é uma totalidade, uma Gestalt, e toda tentativa de analisá-la ou de reduzi-la a elementos provoca a sua destruição" (Schultz e Schultz, 1999: 305).

Para os integrantes dessa escola, a tarefa da Psicologia seria compreender a percepção tal como a vivenciamos, levando em conta que nossa experiência perceptiva imediatamente organiza e dá significado à percepção, constituindo-a num sentido, numa ordem, numa razão interna. Em suma, seria tarefa da Psicologia da Gestalt descrever e esclarecer a organização intrínseca do percebido.

Em busca disso, a Gestalt preocupa-se em entender os comportamentos como totalidades, sem reduzi-los a um ou a vários de seus elementos. Isso não indica, por outro lado, a negação de que o conjunto contenha as suas partes ou a impossibilidade de análise delas.

A afirmativa dessa escola de que o todo é maior do que a soma de suas partes (e é diferente delas) foi amplamente difundida e tomada como seu carro-chefe. Segundo tal concepção, quando ouvimos uma melodia, a percepção não é das notas isoladas, é o todo que abstraímos, a organização global. Uma árvore não é mais percebida como tal quando são separadas todas as suas folhas, seu tronco, seus galhos, suas raízes, seus frutos etc. Como podemos verificar, cada parte se define pela função que desempenha na estrutura na qual está colocada. Assim, "uma parte articulada em um todo é diferente dessa mesma parte isolada ou em outra totalidade" (Moraes, 2007: 310).

Assim, a identidade dos objetos resulta do modo como os seus componentes *são combinados* e não apenas dos componentes isolados. E as partes, por sua vez, possuem significados funcionais, em decorrência de sua posição em uma dada estrutura, em um dado objeto. Cada parte só tem sentido em relação à outra; as partes possuem, assim, uma relação intrínseca e necessária para compor o sentido. Quando nos enamoramos de uma pessoa, por exemplo, não é por uma característica isolada, mas pelo conjunto de seus atributos, de seus sentimentos. Se somos questionados sobre o que nos encanta na pessoa, temos dificuldade em identificar apenas uma característica e, inclusive, se olhássemos para a especificidade de cada parte da pessoa, talvez não nos encantaríamos tanto. Tendemos, portanto, a perceber os eventos, as situações, os objetos como totalidades e não como partes isoladas.

Essa percepção das totalidades, num sentido intrínseco dado pelo sujeito, com sua coesão interna e sua dinâmica funcional, é regida, por algumas regras, que os gestaltistas denominam princípios, aplicáveis à percepção e ao pensamento, de maneira a não haver uma descontinuidade entre ambos.

Organização da percepção e as leis que a regem

Segundo os teóricos da Gestalt, os princípios são definidos como regras ou leis com os quais são organizadas as percepções, facilitando a compreensão de imagens e de ideias.

Considera-se premissa básica o fato de que, ao vermos um objeto, a sua apreensão e compreensão são espontâneas, imediatas, ou seja, a sua organização ocorre instantaneamente sempre que o objeto nos é apresentado, há uma percepção imediata das relações. Desse modo, a inteligibilidade do mundo percebido, o discernimento, o sentido inédito e coerente dado ao mesmo é denominado de *insight*. Ou seja, sair da "ignorância" para o conhecimento pode ocorrer de repente.

Os gestaltistas tinham a preocupação em definir as leis que regem a percepção das totalidades e que são aplicáveis à percepção e ao pensamento, ou seja, como interpretamos o que vemos. Afirmam que a *lei da boa forma* (Prägnanz) anuncia a organização das estruturas e que essas tendem a "revelar as características que a distinguem de uma forma tão completa quanto as condições do momento permitem" (Moraes, 2007: 310).

Essa organização tende à estrutura mais equilibrada, mais simétrica, mais regular, ou seja, quando vemos as formas tendemos a percebê-las em seu caráter mais simples, numa simplificação natural da percepção, facilitando a sua assimilação. Ao depararmos, por exemplo, com uma faca, esta pode ser simplificada como uma linha reta; uma cebola, como um círculo.

A lei da boa forma é a lei *principal* que governa o pensamento e a percepção, agrupando seus elementos de acordo com as características que possuem entre si. Além deste, outros princípios também regem a organização da percepção, como a proximidade, a semelhança, a continuidade etc. Destacamos a seguir mais alguns dos princípios elaborados por Wertheimer:

Princípio do fechamento/complementação: de acordo com este princípio, nossa percepção tende a completar figuras que se encontram incompletas. Ao olharmos as linhas retas a seguir, tendemos a fechá-las e ver o quadrado como uma figura completa, o mesmo ocorre com as palavras. Este princípio ajuda-nos a perceber de imediato as situações e objetos, ainda que eles não se mostrem em sua completude, podendo agilizar, por exemplo, processos de leitura de um texto, de palavras. As formas imperfeitas tendem a se completar resultando na sua estabilidade, como nos seguintes exemplos:

 ED CAÇAO E PSICOL GIA

Princípio da proximidade: percebemos as partes que estão mais próximas como agrupadas, como um todo, ou seja, por parecerem formar uma unidade tendem a ser percebidas como tal, como nos exemplos abaixo:

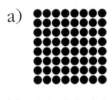 Nas figuras ao lado, as bolinhas, uma ao lado da outra, são percebidas como um quadrado grande e não como pequenos círculos (a). Tendemos a ver os círculos como três colunas duplas e não como um grande conjunto (b).

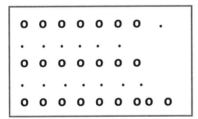 **Princípio da semelhança/similaridade**: objetos similares tendem a se agrupar e a ser percebidos como relacionados entre si. Na figura ao lado, tende-se a perceber três fileiras de círculos e duas de pontos e não colunas compostas de pontos e de círculos.

Figura/fundo: na organização do objeto, partes do campo perceptivo são combinadas, juntadas, de maneira a formar estruturas que são distintas do fundo. Ao destacar-se de um *fundo*, a *figura* situa-se como o objeto representado, sendo este resultado da organização interna do domínio da experiência. Em síntese, os fatos e os objetos são percebidos como um todo organizado, e este todo compreende uma organização básica, uma figura, na qual nos concentramos, que se destaca do fundo. Na figura anterior você pode ver um vaso ou duas faces, dependendo do modo como organiza sua percepção, isto é, do que considera figura e do que considera fundo. Nesse caso, são as relações entre a figura e o fundo a condição de possibilidade da experiência perceptiva, ou seja, o significado da figura depende da sua posição em uma dada estrutura.

De acordo com a Gestalt, compreender o comportamento do homem envolve conhecer a percepção que este tem dos elementos da realidade. Percepção que nem sempre condiz com a realidade, por estar muitas vezes relacionada mais à aparência. Nossos comportamentos, desse modo, nem sempre têm motivações ou são movidos por situações objetivas. Podemos, por exemplo, nos indispor com um colega, por conta de acreditarmos que ele está diferente, que não está nos dando a atenção devida, exclusivamente por nossa percepção, sem que haja de fato exemplo concreto dessa atenção diferenciada. E a inteligência também depende desse processo perceptivo.

Gestalt e aprendizagem

A Gestalt preocupou-se essencialmente com a percepção humana. O que incluiu a reflexão sobre possíveis caminhos na solução de problemas, o papel do *insight* (que veremos mais adiante) na apreensão e na aprendizagem.

No que se refere ao processo de aprendizagem, as discussões dessa teoria possibilitam a compreensão de que o aluno dispõe de uma série de atitudes, habilidades e expectativas sobre sua própria capacidade de aprender, seus conhecimentos, e percebe a situação de aprendizagem de uma forma particular, provavelmente de modo diferente da de seus colegas e até mesmo de seu professor. Por isso, o sucesso da aprendizagem vai depender de suas experiências anteriores e do conjunto envolvido na situação de aprendizagem. Nesse caso, diante de uma dificuldade de compreensão de um aluno, no que se refere a determinado conteúdo, o professor poderá colaborar com explicações e recursos diferenciados, dando oportunidade a percepções diferentes sobre ele, facilitando o aprendizado.

Para os teóricos da Gestalt a aprendizagem ocorre principalmente por *insight*, ou seja, por um estalo, com uma compreensão repentina depois de inúmeras tentativas sem sucesso, na resolução de um determinado problema. Se, por exemplo, o aluno está realizando uma avaliação escolar e tenta insistentemente encontrar a resposta a um questionamento, mas não consegue êxito, deixa então seus esforços de lado e passa a responder outras questões e, ao dedicar-se a outro problema, de repente, num instante, consegue descobrir a solução, tem o discernimento sobre o problema apresentado na questão antes deixada de lado.

Os problemas apresentados aos alunos podem ter a solução facilitada na medida em que forem contextualizados a partir de situações significativas da vida real. Assim, esse conhecimento fará mais sentido para a criança, em virtude de sua relação com o cotidiano, haja vista que a relação com as experiências prévias conta muito.

Nessa linha, a busca pela resolução de situações não pode se fixar em memorizar uma série de etapas. A solução de um problema deve envolver a compreensão do mesmo, deve fazer sentido para o aluno, em vez de restringir-se a copiar, a seguir um conjunto de procedimentos predeterminados. A aprendizagem ocorre por uma contínua organização e reorganização da experiência, que permite a compreensão global da situação e a percepção de seus elementos mais significativos.

A solução de um problema deve compreender os seus detalhes, mas sempre em relação à estrutura da situação total. Schultz e Schultz (1999) esclarecem que a solução deve partir do problema como um todo indo depois para as suas partes. Nas atividades de sala de aula, o professor deve organizar as situações de aprendizagem de maneira a produzir todos os significativos, fixar-se apenas nas suas partes poderia tornar mais difícil a tarefa de resolução de problemas. Nesse sentido, fazem-se críticas a um ensino mecânico, decorativo, repetitivo que, quando é frequente no processo de ensino, pode incorrer num desempenho mecânico e desvinculado da construção do pensamento verdadeiramente criativo e produtivo.

O PROFESSOR E O ALUNO:
O CURRÍCULO COMO UMA TOTALIDADE

Se as situações-problema devem fazer sentido para o aluno para sua melhor apreensão e resolução, o mesmo deve ser dito sobre os conteúdos e programas curriculares. A dispersão e falta de relação de uns com os outros podem dificultar o arranjo e a conexão de seus conhecimentos, não fazendo sentido para o aluno (em seu cotidiano pessoal e social) e dificultando seu interesse.

Para uma aprendizagem eficaz, o ensino deve partir das possibilidades e necessidades dos alunos e não da matéria, no que especificamente está estabelecido para aquele momento, necessitando haver, com isso, um rearranjo dos conteúdos. O professor deve, pois, criar situações de ensino de modo a propiciar aprendizagens que realmente tenham sentido para os alunos.

Lefrançois (2008) explica que o papel do professor, a partir dessas considerações, seria de colaborar para que os alunos tivessem seus *insights*, ou seja, que encontrassem as soluções dos problemas por eles mesmos. Os estudantes constroem conhecimento e informações significativas por eles próprios, o que significa que não são dados diretamente a eles. A autora explica que essa perspectiva vem ao encontro da abordagem construtivista, muito utilizada nos dias atuais, que propõe o ensino centrado no aluno. Desse modo, a aprendizagem no cotidiano escolar constitui-se por descobertas de acordo com o interesse do aluno, que tem papel ativo no processo.

De acordo com os psicólogos gestaltistas, no processo de aprendizagem, a experiência e a percepção são mais importantes que as respostas específicas dadas a cada estímulo. Englobam a totalidade do comportamento e não apenas respostas isoladas e específicas. Então, avaliar uma conduta ou aprendizagem do aluno exige olhar para o todo e não centrar-se apenas em respostas ou ações isoladas apresentadas em determinadas situações e/ou avaliações.

Não podemos deixar de observar ainda que os alunos e o professor selecionam e organizam os estímulos de acordo com suas experiências e não respondem a eles isoladamente, e sim, a partir de sua percepção do todo, reagindo a seus elementos mais significativos.

Alunos e professores devem ser vistos como seres humanos, numa unidade orgânica de sentir, agir e pensar, que necessita ser considerada no cotidiano escolar. Uma boa relação aluno-professor e uma boa interação são essenciais para uma transmissão bem-sucedida dos conhecimentos, isso para ambas as partes.

É possível verificar que nessa teoria defende-se a coerência entre as ações realizadas pelo professor e as que exigem de seus alunos e, desse modo, para a educação de alunos responsáveis e conscientes com capacidade de percepção, devemos ter educadores agindo de igual modo. Quando estes almejam mudanças no ensino necessitam iniciá-las consigo mesmos, numa reflexão e análise de suas situações em sala de aula, de como se sentem, de suas satisfações e insatisfações, das transformações que têm como meta, das que têm condições de realizar, em suma, de como se concretizam suas relações com seus alunos no processo ensino-aprendizagem.

Assim, o professor deve ter claros seus próprios desejos, expectativas, percepções de si e do outro e a análise da situação do ensino. A partir disso, deverá planejar os passos que gradativamente irá dar para alcançar seus objetivos de modificação de suas ações no ensino e dos resultados deste.

Em suma, nessa perspectiva, temos o professor como importante e decisivo na aprendizagem de seus alunos, de maneira que a qualidade do trabalho dele implicará na qualidade de aprendizagem de seus alunos. Além disso, um ensino orientado pela Gestalt exige que o professor desenvolva confiança na capacidade de os alunos aprenderem por si mesmos e, por sua vez, que os alunos tenham confiança no professor. O ensino deve, portanto, ser orientado em função do agir, sentir e pensar dos alunos (Burow e Scherpp, 1985).

A Gestalt, a educação e a indisciplina em sala de aula

De acordo com os estudos de Burow e Scherpp (1985), no processo de ensino não se pode perder de vista a unidade indivíduo-meio. Isso exige que sejam levados em conta os vínculos do aluno com o seu meio social, as influências deste sobre a criança. A consideração de homem e meio está conectada com a questão figura-fundo, em que a figura sozinha tem um significado diferente de seu conjunto com o fundo. Desse modo, ao realizar um trabalho pedagógico não se pode deixar de considerar que os alunos têm sentido, enquanto vistos em relação ao meio (fundo). Assim, seu crescimento pessoal não pode estar descontextualizado de uma perspectiva de mundo mais ampla, ou seja, subscrita numa totalidade, para além das necessidades individuais.

Em relação à questão do todo a ser considerado, é importante que no processo escolar seja levado em conta que o aluno e o professor são mais do que cabeças pensantes; os sentimentos, as atitudes, os comportamentos, os valores devem ser levados em conta. Desse modo, quando um aluno se comporta adequadamente, é bem-visto nas relações escolares. No entanto, se suas emoções são expressas de maneira "inapropriada", perturbando a aula, tem como consequência a punição ou é ignorado, ou seja, sua unidade é negada, é tratado como uma parte de si.

Muitas concepções e percepções acerca da falta de disciplina, da movimentação do aluno em sala de aula, podem ser incompatíveis com a sua real necessidade e expressão. Burow e Scherpp consideram o movimento como inerente ao aluno, sua mente também está em movimento, a unidade se mostra aqui, "a mente só funciona no corpo e através dele" (1985: 115). Em relação a esta totalidade, comportamentos considerados indisciplinados e inadequados podem revelar outros problemas, como as dificuldades dos alunos na apreensão de determinados conteúdos, seus temores frente a novas situações de aprendizagem, dentre outras questões.

Assim, o aprendizado cognitivo e emocional deve fazer parte do cotidiano escolar, a sua integração é essencial no desenvolvimento da personalidade (o ensino fundamentado na Gestalt visa também ao desenvolvimento da personalidade). O objetivo escolar deve ser o desenvolvimento completo do indivíduo, de suas capacidades, do seu potencial. Para tanto, devem ser apreciadas as suas necessidades, visando ao seu crescimento, as suas transformações e as do seu meio.

Burow e Scherpp (1985) esclarecem que a Gestalt constitui-se numa abordagem que contribui para a análise e a modificação do ensino, podendo oferecer condições de reflexão e críticas aos procedimentos e ações do cotidiano escolar e organizar os passos para possíveis mudanças.

De acordo com Lefrançois (2008), a Psicologia da Gestalt é precursora da Psicologia cognitiva moderna, que se preocupa com temas como processamento de informação, compreensão, tomada de decisão e solução de problemas.

Freud: inconsciente e aprendizagem

> "A experiência analítica convenceu-nos da completa verdade da afirmação [...] de que a criança psicologicamente é pai do adulto e que os acontecimentos dos seus primeiros anos são de importância suprema em toda a sua vida posterior."
> *Freud*

Este capítulo apresenta as ideias de Sigmund Schlomo Freud (1856-1939), enfocando sua relação com a educação, na medida em que conhecer alguns aspectos centrais da teoria freudiana pode permitir uma melhor compreensão do funcionamento do psiquismo humano, dos pensamentos, sentimentos e comportamentos que repercutem nas relações produzidas no cotidiano escolar.

Nascido em Freiberg, Morávia, Freud viveu praticamente toda a vida (desde os 4 anos de idade) em Viena (Áustria) até transferir-se para a Inglaterra, em 1938, fugindo do nazismo, levando em conta sua origem judaica.

Em 1873, ingressa no curso de medicina dedicando-se às pesquisas experimentais em laboratório (uma forte tendência da época) e a estudos com base na fisiologia humana, para posteriormente especializar-se em distúrbios neurológicos e nas doenças do sistema nervoso, convertendo-se em um médico neurologista.

Por isso, influenciado e orientado pelo francês Martin Charcot (1825-1893), interessou-se pelos estudos de Psiquiatria (área da medicina que atua na prevenção, diagnóstico e tratamento dos sofrimentos mentais), passando a estudar, mais especificamente, a histeria (as psiconeuroses) e demonstrando predileção por explicar as patologias, debruçando-se sobre os fenômenos psíquicos, que o levaram a fundar a Psicanálise. Acreditava que trazer o inconsciente para o consciente era a solução para muitas doenças mentais e conflitos existentes nas relações humanas, constituindo-se o inconsciente num importante aspecto da personalidade que não poderia ser negligenciado. Realizou estudos sistemáticos e observações dos processos psíquicos, a fim de desvendar hipóteses e formular suas teorias, de maneira a fornecer elementos para compreensão da prática clínica e da vida cotidiana.

Em princípio, nos seus estudos sobre a histeria (transtorno com sintomas físicos, mas sem que se constate uma causa física), emprega a *hipnose* (em transe, o paciente recorda um evento traumático, numa descarga emocional), com o intuito de explicar e eliminar os sintomas histéricos. Mais tarde, a partir de 1896, passa a utilizar uma técnica criada por ele, a *associação livre*, em que convida a pessoa (deitada num divã) a falar livremente sobre o pensamento que lhe vem à mente; encorajava ainda, nos seus tratamentos, o relato dos sonhos e os analisava.

A Psicanálise destaca-se, portanto, por estar voltada ao inconsciente, realidade ainda muito incipiente em estudos da sua época, levando Freud e muitos de seus conceitos a se difundirem e se popularizarem (principalmente no Ocidente), com aplicações na Psiquiatria, na Psicologia, na Educação etc. Também estimulou o surgimento de diversos estudos e teóricos, tais como: Jacques Lacan (1901-1981), Carl Jung (1875-1961), sua filha Anna Freud, (1895-1982), uma das líderes do movimento neofreudiano (Schultz e Schultz, 1999).

Psicanálise e instâncias do psiquismo

Resumidamente, podemos dizer que a Psicanálise é uma teoria da personalidade que entende ser o comportamento (normal e anormal) motivado por processos mentais (internos) que refletem a vida atual e as experiências do indivíduo, influindo nas suas condutas. Segundo Freud, a motivação humana tem uma base biológica, o que ele definiu como pulsões inatas, fazendo alusão a um determinismo psíquico que explicaria todo comportamento, na medida em que é possível encontrar na mente as causas que determinam tal ação/reação. Processos que estão fora da consciência (no inconsciente) governam em grande parte o comportamento.

Nosso psiquismo é constituído por nossas ideias, percepções, sentimentos, lembranças e atos volitivos. Freud (1975) atribui três qualidades aos processos psíquicos: consciente, pré-consciente e inconsciente.

Somos conscientes de uma pequena parte de nossa vida mental. Assim, o *consciente* refere-se às informações que obtemos e mantemos em nossa lembrança, ou seja, os sentimentos e os pensamentos dos quais temos consciência, conhecimento imediato e que fazem parte do nosso cotidiano. Quanto mais nos detivermos nos fatos e situações do momento, mais nos distanciamos das lembranças do passado. Ao dirigir nossa atenção a esses fatos imediatos, constatamos nosso sentimento, nosso pensamento. Para Freud, essa seria uma parte superficial da personalidade total, deixando acessível o "necessário" para lidar com a vida diária. Por isso, "O que é consciente é consciente só por um momento" (1975: 185).

Mas o que dizer dos fatos, sentimentos que não estão ocupando agora a minha mente, mas que posso chamá-los à consciência a qualquer instante, onde eles estariam? Estes se encontram na instância do *pré-consciente* (subconsciente), ou seja, estão abaixo do nível da consciência, podendo ser evocados e recuperados facilmente, assim que se deseje, sendo possível torná-los conscientes.

Por exemplo, se enquanto ler este texto seu pensamento se ocupar de alguma lembrança de uma atividade realizada no dia anterior, esta atividade estava no subconsciente. Ainda que haja um esquecimento aparente de determinado fato, a lembrança, na concepção de Freud, é atuante, presente. Se um professor teve um aborrecimento na rua vindo para escola, mesmo estando atarefado em sala de aula e absorvido com seus alunos, poderá durante a aula ter suas decisões influenciadas e, por exemplo, dizer "não" quando costumeiramente diria "sim". "Na realidade, toda a conduta de nossa vida é constantemente influenciada por ideias subconscientes" (1976a: 278).

No entanto, a maioria de nossa vida mental permanece *inconsciente*, não podendo ser acessada direta e facilmente por nossa vontade. O *inconsciente* contém todas as ideias, sentimentos, experiências, que são reprimidos, impedidos de serem trazidos à consciência, e os instintos, considerados a força propulsora do comportamento do homem, que geram ansiedade e que estão bloqueados pela repressão, sendo impedidos de chegar à consciência.

Então, como esse conteúdo pode ser trazido à tona, se ele é intolerável à consciência e se não é possível fazê-lo voluntariamente? Freud (1976a) afirma que o inconsciente pode vir à tona através de um processo psicoterapêutico em que se analisam os sonhos (revelando fantasias que não eram possíveis ou mesmo aceitáveis no estado de vigília), os atos falhos (um erro na fala, na memória, por exemplo) e os chistes (piadas), podendo, ainda, manifestar-se em sintomas físicos, tal como uma histeria. Então, para Freud, nenhum gesto, pensamento ou palavra são expressados acidentalmente.

Enfim, as manifestações do reprimido passam por uma espécie de deformação (de disfarce), deixando-as irreconhecíveis ao consciente e, portanto, evitando que se desdobrem em angústia no indivíduo, cujo resgate à consciência necessita da colaboração de um psicanalista. Para o autor (1976a: 293), "as ideias inconscientes jamais, ou só raramente, e com dificuldade, entram no pensamento de vigília" sem ajuda.

Os fatos que têm algum significado de ameaça ao equilíbrio e bem-estar são direcionados ao pré-consciente e ao inconsciente, embora soframos seus efeitos e tenhamos nossa vida psíquica em grande parte determinada por eles. O homem vivencia, portanto, constantes conflitos internos que lhe são estranhos, dificultando seu autoconhecimento por completo, motivo pelo qual Freud se dedicou a entender as estruturas psíquicas.

ORGANIZAÇÃO DAS ESTRUTURAS PSÍQUICAS: O ID, O SUPEREGO E O EGO

Para Freud (1975), as áreas de ação psíquica são compostas de id, ego e superego.

O *id* contém o que é herdado com o nascimento, compreende os instintos. É um complexo de excitação insaciável, operando em referência ao princípio do prazer (direcionado a maximizar o prazer e a evitar o que não é prazeroso – a dor). É a fonte de todas as pulsões básicas, em que buscamos a satisfação imediata de nossas necessidades (alívio e diminuição da tensão) e de nossos desejos (como se alimentar), sem considerar a realidade. É definida como a parte mais primitiva e de mais difícil acesso da personalidade. "O id não conhece nenhum julgamento de valores: não conhece o bem, nem o mal, nem a moralidade" (Freud, 1976d: 95).

Em oposição às exigências do id, o *superego* tenta inibi-lo. Surge a partir do ego e depois se diferencia dele, constituindo-se numa força interferente para o ego. Desenvolve-se cedo, à proporção que são aprendidas as normas, tradições e exigências de conduta dos pais, familiares e da sociedade. Ao longo do desenvolvimento, os indivíduos são influenciados por outras referências, além das dos pais, "educadores, professores, pessoas escolhidas como modelos ideais. O superego se afasta mais e mais das figuras parentais originais" (Freud, 1976d: 83). O superego é governado pelas restrições morais, anseia por perfeição e sua função principal é a de limitação das satisfações. Segundo Freud (1976d), o nosso sentimento moral de culpa resulta da tensão entre o ego e o superego e a instalação desse último demonstra que foi bem-sucedida a identificação com a instância parental.

O que o id e o superego têm em comum é que ambos possuem influências do passado. No entanto, em razão de tentarem direcionar o comportamento de maneiras diferentes, estão em constante conflito.

Como vimos, forças contrárias se chocam no interior da personalidade, cabendo ao *ego* mediar tais conflitos, integrando a personalidade. Desse modo, à medida que as requisições do id confrontam as restrições do superego, o ego age como contínuo equilibrador, fundamentado no princípio da realidade e, ainda deve estar atento à realização adequada dos anseios relativos às demandas sociais. O ego "*é*, pela pressão da necessidade externa, educado lentamente no sentido de avaliar a realidade e de obedecer ao princípio de realidade" (Freud, 1976c: 434). Ele é determinado principalmente pela própria experiência do indivíduo, desenvolve-se a partir do id, com a influência do mundo externo. Em suma, ele serve e concilia o id, o superego e o mundo externo, buscando adequar-se a esses três diferentes tipos de exigências. "O ego se esforça pelo prazer e busca evitar desprazer" (Freud, 1975: 171).

Quanto maior for a intensidade dos conflitos, mais energia psíquica será necessária para resolvê-los; a pressão demasiada, o desprazer é enfrentado por um sinal de *ansiedade*. Ela funciona como uma espécie de aviso, de que o ego está sendo ameaçado, de que está diante de uma situação com a qual tem dificuldade em lidar, de um perigo.

Mecanismos de defesa

Para o ego se proteger das ameaças e das *ansiedades*, provenientes de sua dificuldade em manter o *equilíbrio* entre as exigências sociais e as individuais, faz uso de estratégias de enfrentamento, ou seja, dos *mecanismos de defesa*. Estes atenuam os fatos de modo a distorcer a realidade, pois, de outra forma, o seu enfrentamento poderia ser doloroso. A fim de melhor compreender como funcionam, vejamos alguns dos chamados mecanismos de defesa.

A *repressão* consiste no bloqueio das pulsões do id, em ignorá-las, tornando-as inconscientes. Assim, quando a repressão está em cena o que é suprimido não adentra na consciência, ainda que exerça influência sobre o comportamento. Uma ansiedade, uma fadiga podem tomar o ego, em determinadas situações, ainda que não saibamos a sua razão. Camargo (2005) aponta como exemplos do cotidiano escolar os famosos "brancos" presentes nas situações de avaliação, em que o aluno tem a sensação de que não sabe nada; e, de acordo com Glassman e Hadad (2006), a depressão é vista como um resultado do excesso de repressão. Os impulsos reprimidos podem ser escoados, manifestos por meio dos sonhos, de atos falhos etc.

Com a *negação* há a recusa em reconhecer a existência de aspectos desagradáveis no mundo externo. Assim, a fim de proteger-se diante de situações consideradas intoleráveis, o indivíduo as nega. Esse mecanismo pode reduzir, ainda que temporariamente, a ansiedade, mas a longo prazo pode não ser eficaz. Exemplos de aplicação desse mecanismo podem ser o de pais que negam uma deficiência intelectual verificada no seu filho, recusando-se a enfrentá-la; o de alunos que podem negar uma dificuldade de aprendizagem, comportando-se de modo a não prestar atenção nas aulas, com indisciplina.

O mecanismo de *deslocamento* consiste em arrastar um sentimento ou ação para um outro objeto que substitua o original, ou seja, há um redirecionamento da energia para um objeto substituto, devido à desaprovação do superego. O professor, ou o aluno, por exemplo, se desentendem com algum familiar (esposo ou pai) e, em vez de gritar com quem lhe chateou, irá gritar na escola com outra pessoa que não foi o desencadeador de sua ansiedade. Percebe-se que os objetos substitutos não estão relacionados com os originais, por conta de uma distorção da realidade. O mecanismo é utilizado de forma inconsciente, protegendo o indivíduo do sofrimento ao deparar-se conscientemente com a origem real do problema vivenciado.

A *racionalização* é um mecanismo que envolve a apresentação de uma razão aceitável para o comportamento, em substituição a determinadas situações. Consiste, portanto, numa explicação que, ainda que não seja exata, é útil para esconder de si mesmo os verdadeiros motivos de suas ações, incorrendo numa distorção da realidade. Nosso ego se utiliza desse mecanismo com muita frequência, já que possibilita uma diminuição da dor causada por insatisfações, situações desagradáveis, melhorando seu bem-estar. Comumente encontramos a racionalização na sala de aula, com a explicação do aluno de que não foi bem em determinada avaliação porque o professor elaborou questionamentos infundáveis e dificultadores de sua resolução. Por outro lado, o professor poderá também justificar uma aula pouco proveitosa e mal planejada por ele, centralizando no aluno, no seu comportamento de "indisciplina" a explicação do insucesso da aula. Os pais, diante de um problema de saúde do filho, podem racionalizar pensando ou falando: "eu aprendi, com este problema, a dar mais valor no tempo que estou com meu filho".

Diante de determinadas situações consideradas difíceis e inaceitáveis é possível pelo mecanismo de *projeção* atribuir a um objeto, a outrem, seus próprios pensamentos, sentimentos e intenções. Um aluno pode projetar no professor, por não estar tendo um bom desempenho, uma perseguição, o fato de que o professor não gosta dele. Há ainda a situação do professor que, por conta de uma dificuldade sua em lidar com autoridade, pode encontrá-la (projetar) rapidamente num colega, no diretor da escola. Aspectos da personalidade (do mundo interno) que não são aceitos pelo indivíduo são projetados para o mundo externo e desta forma atribuídos a outra pessoa.

No mecanismo de *sublimação* a energia da pulsão (os impulsos naturais) é redirecionada para atos criativos, para obras sociais, para a religião, para atividades socialmente aceitas, representando uma função positiva, além de proteger o ego. No entanto, esse mecanismo tem uma limitação, haja vista que sua satisfação se faz mais de um modo indireto, não saciando totalmente o id. Um músico pode compor uma melodia quando rompe com sua amada, canalizando a energia, mas não a tem necessariamente de volta. Ainda que seja um mecanismo que não funcione para todos, devido à exigência de habilidades específicas, tem sua importância, pois seu resultado é socialmente valorizado e aceitável para o ego e para o superego. Em função de seus resultados positivos, é um dos mais bem acolhidos mecanismos na educação e na cultura.

Em muitas situações, é possível perceber pessoas que, usando o mecanismo de *formação reativa*, expressam o oposto do que desejam, escondendo de si mesmo os motivos, traços de personalidade, sentimentos, e assim o fazem sem saber que estão fazendo. Desse modo, suas ações, por apresentarem-se de modo exacerbado, parecem falsas: um forte impulso sexual pode manifestar-se por grande recatamento e moralismo; o ódio pode ser expresso por um amor exagerado, como pode mostrar-se um aluno em relação ao seu professor, que, diante de uma aversão a ele, elogia-o de maneira extremada. A formação reativa, ao disfarçar as qualidades pessoais e sentimentos indesejados, permite que as pessoas evitem a ansiedade associada a tais sentimentos.

A *identificação* constitui-se num mecanismo que envolve a inclusão de características de um objeto de pulsão no próprio ego. Resulta, por exemplo, na adoção pela criança de valores e comportamentos dos pais, pois, no processo de formação da sua identidade, a criança se referencia às pessoas ao redor; geralmente se identifica com as que teme ou admira (pais, professores, heróis). Dentro desse mecanismo, vemos a princípio as crianças identificando-se com seus genitores e, com a entrada na escola, os professores também se tornam importantes modelos de identificação, como bem podemos perceber nas imitações que elas fazem do jeito de ser, vestir-se e falar dos educadores.

Como um meio de fugir da ansiedade, de atingir objetivos e satisfazer desejos que se mostrem impossíveis de imediato, pode-se lançar mão do mecanismo da *fantasia*, desvirtuando os fatos, numa tentativa de adaptação à realidade externa. Ela funciona favorecendo na solução de problemas, satisfazendo os impulsos no imaginário. Assim, as pessoas mentalmente testam respostas às demandas dos desejos, podendo acalmar uma ansiedade; ficar a imaginar férias tranquilas em lugares sonhados pode ajudar a lidar com a depressão. Podemos verificar frequentemente o uso desse mecanismo pelos adolescentes que fantasiam enamorarem-se dos professores, de atrizes famosas. Um limite da aplicação da fantasia ocorre quando esta rompe com a realidade, dificultando o contato com o real. Para Freud (1976c), a essência da felicidade da fantasia é tornar a obtenção do prazer livre da aprovação da realidade.

Já com o mecanismo de defesa da *compensação* o indivíduo, ao deparar-se com uma falha ou limitação que acredita possuir, busca com outras ações compensá-la. Essa falha é constituída inconscientemente, podendo ser real ou imaginária. Por exemplo, alunos que têm dificuldades para aprender podem compensar "sua inadequação" tornando-se muito simpáticos, prestativos para com o professor.

Os mecanismos de defesa podem funcionar como auxiliares na integração da personalidade e, ao mesmo tempo, quando exacerbados, de modo destrutivo e inadequado, prejudicar o funcionamento do ego, podendo resultar no aparecimento de distúrbios psicológicos.

FASES DE DESENVOLVIMENTO PSICOAFETIVO DA CRIANÇA

A criança reage de diferentes formas em conformidade com a fase de desenvolvimento em que se encontra. E voltar-se para suas etapas de desenvolvimento pode propiciar o conhecimento de possíveis dificuldades e problemas que a criança deve resolver para se formar psiquicamente, em cada uma das idades respectivas.

No desenvolvimento humano verifica-se a marcante e crescente repressão dos desejos inconscientes, dadas as exigências resultantes das suas relações com outrem, digo, colocadas pela realidade externa (pais, familiares, professores etc.).

Durante toda a vida, o comportamento é motivado pela necessidade de satisfazer as pulsões básicas, que vão se modificando com o tempo. De acordo com Freud (1976e), em cada fase de desenvolvimento uma zona específica (área do corpo) se destaca e desta deriva o prazer, numa busca por objetos ou modos de gratificação correspondentes.

Além do prazer, é possível, ao mesmo tempo, encontrar conflitos que correspondem a *fixações* em determinadas fases, em que a criança fica detida na mesma, ou seja, uma parte da libido (energia que está à disposição dos impulsos de vida ou sexuais) fica investida num nível de desenvolvimento específico, não consegue ultrapassar determinada fase. Uma *fixação* pode ocorrer se a criança experimenta uma excessiva frustração (fica o desejo do que está faltando) ou uma excessiva gratificação das necessidades da respectiva fase, com relutância em seguir adiante.

Essas fases desempenham um papel fundamental no desenvolvimento da personalidade.

Fase oral (0 a 1 ano)

Nesta primeira fase, vemos a criança levar à boca tudo o que pega, manifestando prazer em assim proceder, ou seja, o prazer advém dessa parte do seu corpo. Inicialmente, a atividade psíquica se focaliza no fornecimento de satisfação às necessidades dessa zona. De acordo com Freud (1976c), o bebê, no ato de alimentar, tem a satisfação de duas necessidades vitais: o alimento e o prazer. Além do seu primeiro objeto (o seio materno), outras partes do seu corpo passam a ser objeto de atenção e prazer, e começa a sugar a sua língua, o polegar. Nota-se que seus prazeres orais estão em comer, morder, sugar, dentre outros. No cotidiano familiar e da educação escolar infantil, pais e professores se deparam frequentemente com o comportamento da criança em levar objetos à boca, pois essas explorações também estão vinculadas à gratificação oral.

Uma satisfação considerada inadequada, produzida por uma gratificação ou privação exagerada nesse período pode resultar numa personalidade com características orais, apresentando hábitos bucais excessivos, como os de fumar, comer compulsivamente, roer as unhas, chupar o dedo, acarretando uma fixação nesta fase (Schultz e Schultz, 1999).

Fase anal (1 a 3 anos)

A criança depara-se com o deslocamento da energia para a extremidade inferior do trato digestivo (a região do ânus). Ela passa a ter maior consciência do seu corpo e o seu prazer advém do processo de eliminação e/ou de retenção, com o controle dos esfíncteres da evacuação e da micção. Para a criança, os movimentos intestinais são muito prazerosos. Com as exigências do treino de toalete, a criança fica à mercê do conflito entre o id (satisfação do prazer) e os pais, professores, e a resolução desse conflito dependerá das cobranças e das ações que as acompanham.

Se os pais enfatizam em demasia o resultado desse treino, maior será a preocupação da criança em relação ao mundo exterior, em atendê-los e, ao contrário, uma permissividade exacerbada pode desenvolver uma despreocupação com os valores sociais, com uma autocrítica reduzida.

Há ainda outras crianças que retêm as fezes para manipular os pais, ao mesmo tempo em que têm prazer com o movimento de pressão contra as paredes intestinais.

A fixação nessa fase pode ocorrer em função dos conflitos que dela proveem (treinamento muito rígido ou permissivo), resultando em adultos extravagantes, "sujos", ou, ainda, exageradamente asseados e compulsivos sexuais. Desse modo, é possível encontrar traços e preocupações que evidenciam características dessa fase, tais como as presentes no prazer com a avareza, o autocontrole rígido, a agressividade, a acumulação etc.

Diante das características dessa fase, os pais, familiares e educadores têm uma importante participação no aprendizado do controle de esfíncteres, no controle dos desejos, dos impulsos, propiciando à criança a compreensão de que existem momentos mais adequados para a sua realização e normas e regras que regulam nossas condutas em sociedade. Freud (1976c: 368) afirma que, aqui, as crianças "se defrontam com o mundo externo como força inibidora, hostil ao seu desejo de prazer [...] então, pela primeira vez a criança é obrigada a trocar o prazer pela respeitabilidade social".

Fase fálica (3 a 5 anos)

Para Freud (1976c), em algum momento dessa fase as crianças descobrem a gratificação nos seus genitais, podendo realizar a masturbação. Contudo, o prazer vivenciado pelas crianças é diferenciado do prazer do adulto, pois elas ainda são fisicamente imaturas. Pode ocorrer muita fantasia sexual, manipulação e exibição dos órgãos genitais. Apresentam, desse modo, uma curiosidade a respeito do corpo das outras pessoas e a percepção de que existem diferenças pessoais do sexo feminino e do masculino. "A partir daí, meninos e meninas têm histórias diferentes" (Freud, 1976e: 180).

Nesta fase, há a predominância do conflito denominado *complexo de Édipo*, inspirado na mitologia grega, segundo a qual, em síntese, o filho mata o pai e casa-se com a mãe. Assim, o destaque refere-se à ligação existente da criança com os pais, nos quais focaliza sua energia pulsional (atração). A criança sente atração sexual pelo sexo oposto e, ao mesmo tempo, teme a do mesmo sexo, que se torna um poderoso rival.

Comumente vemos nessa fase o menino querer beijar a mãe na boca; suas incansáveis tentativas de evitar que pai e mãe fiquem juntos; imitar o pai, colocar suas roupas, calçados e dizer que é namorado da mãe.

A resolução do conflito, de modo geral, ocorre por meio da *identificação* com o genitor do mesmo sexo, em que o menino, por exemplo, passa a adotar os valores e os comportamentos do pai, os padrões do seu superego e, em relação à mãe, há a substituição da atração por uma afeição, e a identificação resulta em ver na mãe um modelo para futuras atrações. Para as meninas, o conflito edípico transcorre também com sentimentos contraditórios de amor e hostilidade, no entanto, com objetos invertidos (pai objeto de atração e mãe como rival).

O conflito vivenciado com o complexo de Édipo nesta fase é bloqueado, não temos lembranças de nada disso, devido ao emprego do mecanismo de *repressão*, ficando tais conteúdos no inconsciente.

De acordo com Glassman e Hadad (2006), o complexo de Édipo é fundamental para ambos os sexos, no que tange ao desenvolvimento do superego, na constituição da base para a identidade sexual e para a formação de relacionamentos amorosos futuros. Nessa fase, a criança passa para um plano mais racional.

Freud (1976e) afirma que as três fases vistas até aqui podem não se suceder claramente, vindo a aparecer uma ao lado da outra, sobrepondo-se. No entanto, uma organização completa só se dá na fase genital.

Fase de latência (5 a 11 anos)

Como resultado da repressão do id, que ocorre na fase anterior, as pulsões que parecem estar inativas e as gratificações são dirigidas para novas atividades. Nesta etapa, vemos o interesse e a satisfação das pulsões da criança voltarem-se para a escola, às atividades esportivas, artísticas, às amizades. Com a entrada na escola e seu desenvolvimento intelectual, no geral seus interesses rendem-se aos estudos, culminando com o idolatrar dos professores, fazendo referência à sua ampla sabedoria e coerência. Em contraponto, os pais passam a ser vistos em seus limites, falhas. Essa identificação com professores pode colaborar positivamente para o aprendizado escolar.

Fase genital (adolescência e fase adulta)

Nesta fase, podemos ver os interesses sexuais despertados com a adolescência, resultante das mudanças psicológicas envolvidas na maturação sexual, culminando com a expressão adulta da sexualidade. Freud aponta esta fase como uma possibilidade de deixar a infância para trás e se tornar membro da comunidade, um período final de desenvolvimento com a marca da maturidade.

É possível verificar nesse período as influências sociais, culturais, direcionando as pessoas para novos comportamentos e buscas como a escolha profissional, a constituição familiar com a procura de um novo parceiro, a procriação, assumindo outras responsabilidades estabelecidas socialmente.

Lembremo-nos que, de acordo com essa perspectiva teórica, em graus variados todas as experiências da infância afetam de algum modo as experiências do adulto.

Psicanálise e educação

Em geral, quando se trata do processo ensino-aprendizagem, a preocupação focaliza-se sobre a dimensão cognitiva, nos aspectos intelectuais do aluno implicados nesse processo.

Tal preocupação não deixa de ter sua importância. No entanto, uma melhor compreensão do comportamento do aluno, consideradas outras variáveis influentes no processo de aprendizagem, poderá colaborar para a percepção do educador no que se refere às necessidades vivenciadas por seus alunos, numa busca e tentativa por adequar a prática pedagógica às mesmas e, ao mesmo tempo, reconhecer-se nesse processo, enquanto influente nos aspectos cognitivos e afetivos dos alunos.

Para Freud (1976e) a aquisição do conhecimento depende da relação professor-aluno. Relação esta que ganha destaque no período de latência quando, em geral, os professores "tomam" o lugar dos pais. Os sentimentos provenientes da resolução edípica, que eram dirigidos aos pais, pertencerão agora aos professores. Assim a partir desse investimento afetivo, os professores "se beneficiarão da influência que este último [o pai] exerce sobre a criança e poderão desse modo contribuir para a formação do ego ideal dessa criança" (p. 282), o que exige a compreensão de tal papel pelo professor, de maneira a despir-se da postura autoritária de dono do saber e da verdade, que muitos assumem.

Morgado (2003), fundamentada na Psicanálise, avalia que a afetividade é relevante e não pode ser apreciada apenas como um último recurso, pois ela está presente nos depósitos emocionais que alunos e professores fazem um no outro, sem necessariamente estarem cientes disso. Depósitos esses que podem deflagrar uma mediação inadequada, com o privilégio do intercâmbio de afeto e não dos conteúdos programáticos, numa negação à apropriação do conhecimento. A autora salienta que não podem ser negligenciados os processos inconscientes, pois estes influem significativamente na realização do trabalho pedagógico, no que tange ao alcance de seus objetivos-fins.

Assim, essa relação (professor-aluno) também está sujeita a processos de identificação, negação, projeção etc. Na relação estabelecida em sala de aula, é possível que o aluno desloque ao educador sentimentos que possui em relação aos pais, por exemplo, podendo agir afetuosamente ou com agressividade. Nesse processo, o professor tem que se dar conta, de acordo com Morgado (2003), de que os afetos direcionados dos alunos para ele não são exclusivamente evocados por ele e, portanto, o educador não tem que corresponder à expectativa transferencial dos alunos, exercendo adequadamente sua autoridade pedagógica, com a priorização sobre o trabalho intelectual com os alunos. A autora adverte que "quando predominam amor e/ou ódio intensos e recíprocos, a relação é negada porque alunos e professores não conseguem se articular na experiência de ensino e aprendizagem" (2003: 115).

O educador precisa ajudar o educando a buscar esse equilíbrio na construção do eu (ego) para que a aprendizagem possa ocorrer de forma eficaz, mas, para isso, necessita conhecer o processo de funcionamento de seus alunos e não excluir-se desse processo.

Ressalte-se que as influências afetivas entre professor e aluno não ocorrem unicamente num plano consciente. Muito se produz de modo inconsciente, sem que os indivíduos saibam e o mais atuante nem sempre é o consciente. Uma criança agressiva e, por vezes, contraditória pode estar buscando inconscientemente atenção, carinho e ajuda. Mauco (1968) pontua que a criança em seu inconsciente pode conter a agressividade, a culpabilidade, a angústia, ainda que o educador não tenha consciência disso. Os desejos inconscientes de que são investidos professores, alunos, pais, frequentemente estão em contradição com os sentimentos manifestos.

Nessa conjuntura, a Psicanálise pode ser de grande relevância por contribuir para decifrar os desejos do inconsciente, ajudando os educadores no seu cotidiano escolar. Tornando, assim, manifestos os sentimentos profundos que influem e determinam as relações com o outro, principalmente com aqueles aos quais o indivíduo está ligado mais afetivamente. O mais importante na relação educativa não é necessariamente o que o professor diz ou faz, e sim o que ele é e o que pode inconscientemente sentir, ficando os métodos pedagógicos atrelados a tais sentimentos e aos desejos inconscientes das crianças.

Para Freud (1976d), a função da educação é a de colaborar para que as crianças aprendam a controlar seus instintos, seus impulsos, de maneira a coibir, proibir, reprimir, para que as mesmas evitem sofrimentos maiores. Nesse aspecto, o autor afirma que uma verdadeira preparação do professor envolveria uma contundente formação psicanalítica e que ele necessita "reconhecer a individualidade constitucional da criança, inferir a partir de pequenos indícios o que está se passando na mente imatura desta, de dar-lhe a quantidade exata de amor e, ao mesmo tempo, manter um grau eficaz de autoridade" (p.182). Quanto a essa necessidade percebe-se a distância da possibilidade de aplicabilidade da Psicanálise. Freud critica ainda a severidade aplicada na educação como influente na produção de neuroses.

Uma grande contribuição da Psicanálise diz respeito à aprendizagem por identificação, pois mostra que através de modelos de pessoas que lhes foram significativas, o ser humano motiva-se no sentido de equiparar a elas sua autoimagem, motivo pelo qual, em geral, quando uma criança "gosta" de um professor tende a aprender mais e melhor sobre sua matéria ou disciplina. Portanto, é necessário que o professor saiba sintonizar-se emocionalmente com seus alunos, pois depende muito desse relacionamento e dessa empatia para estabelecer um clima favorável ao ensino e à aprendizagem.

Segundo Freud, com o conhecimento das teorias da Psicanálise, o professor terá melhores condições de compreender que de nada adianta suprimir os impulsos instintivos à força, haja vista que estes podem produzir "resultados não menos indesejáveis que a alternativa, tão temida pelos educadores, de dar livre trânsito às travessuras das crianças" (Freud, 1976b: 225).

Enfim, segundo a Psicanálise, passamos por um processo de esquecimento da infância que tivemos e, se não entendermos a nossa própria infância, teremos dificuldades em entender as crianças. Nesse aspecto, Freud (1976b) afirma que, com o conhecimento da Psicanálise, podemos esclarecer o desenvolvimento da infância, os desejos, as estruturas do pensamento até então desconhecidos, o que revela ser de grande importância para a educação, pois educarão as crianças aqueles que conseguirem sondar a sua mente.

Piaget: desenvolvimento cognitivo e aprendizagem

> "O ideal da educação não é aprender ao máximo,
> maximalizar os resultados, mas é antes de tudo
> aprender a aprender; é aprender a se desenvolver
> e aprender a continuar a se desenvolver depois da escola."
> *Piaget*

Jean Piaget (1896-1980) nasceu em Neuchâtel, Suíça, e desde muito cedo teve destaque intelectual, demonstrou interesse pela natureza e pelas ciências. Com a publicação de uma série de artigos na área, aos 21 anos obtém o título de doutor em Ciências. Ainda que biólogo de formação, busca estudar, na Psicologia, as questões epistemológicas. Dedicou suas pesquisas à descoberta sistemática da evolução mental da criança. Funda em Genebra o Centro de Epistemologia Genética, que reúne pesquisadores de países da Europa e de outras partes do mundo.

Avança nos estudos sobre o desenvolvimento cognitivo numa perspectiva diferente das predominantes: a inatista, que privilegia os fatores endógenos (o sujeito impõe-se sobre o objeto) e a ambientalista, que enfatiza os fatores exógenos, procurando explicar pela causalidade, os fenômenos psíquicos (o objeto impõe-se ao sujeito). Em seus estudos, Piaget envereda pelo caminho interacionista, buscando demonstrar que o desenvolvimento resulta da interação entre os dois grupos de fatores e que tanto as ações externas como os processos de pensamento envolvem uma organização lógica.

Em suas observações e testes, em caráter científico (através da minuciosa observação de seus filhos e de outras crianças), opta pelo método clínico, a partir do método experimental e da interrogação clínica, com o intuito de conhecer o processo de raciocínio da criança. Nesse aspecto, o teórico atribui relevância à linguagem, enquanto via de ingresso à reflexão infantil e de expressão de seu pensamento.

A psicogênese (Psicologia genética) representava para Piaget a possibilidade de estudar as transformações ocorridas no processo de transição dos estados de conhecimento, numa investigação das funções mentais a partir de sua gênese. Sua base teórica é biológica e evolucionária, bem como cognitiva (estuda o desenvolvimento da mente).

As pesquisas psicológicas de Piaget visavam compreender melhor a criança, o modo como ocorre seu desenvolvimento, numa busca por melhor conhecer o ser humano e aperfeiçoar métodos pedagógicos. Investigaram a formação dos mecanismos mentais operados na criança, para então entender sua natureza e funcionamento no adulto; o que implica o reconhecimento da ocorrência de todo um crescimento, orgânico e mental, rumo a um equilíbrio relativo alcançado como adulto.

É corrente afirmar que para Piaget (2007) a Psicologia genética permite conhecer não apenas no que a criança difere do adulto, mas também "[...] como se constroem certas estruturas lógico-matemáticas, que fazem parte de todas as formas evoluídas do pensamento adulto" (p.74).

Conhecimento: indagações necessárias

Para Piaget (2007), o desenvolvimento psíquico orienta-se para o equilíbrio, para a estabilidade, mas não para a imobilidade, num caminhar constante de um estado de menor para um de maior equilíbrio por meio do conhecimento.

De acordo com Castorina (1997), as investigações de Piaget buscam compreender como se passa de um estado de menor conhecimento a um de conhecimento superior e, com isso, quais os mecanismos responsáveis pelas mudanças engendradas no indivíduo, propiciando-lhe a possibilidade de resolver determinadas problemáticas, ou seja, o que está entre o não poder e o poder fazer. Portanto, Piaget busca desvendar os processos de conhecimento em sua evolução, pois é na passagem de um estado de conhecimento menor para um estado de conhecimento maior (processo de adaptação) que se efetiva o desenvolvimento do indivíduo. A questão é: através de quais mecanismos ou processos ocorre a transformação da lógica mental da criança na lógica do adulto?

Desenvolvimento cognitivo

Piaget compreende o desenvolvimento cognitivo como algo que contém uma dinamicidade; a inteligência existe na ação, modifica-se numa sucessão de estágios, que compreendem uma gênese, uma estrutura e a mudança destas.

Toda gênese parte de uma estrutura e chega a outra estrutura, e esta é preparada por estruturas mais elementares, que apresentam características diferentes da estrutura total, ou seja, características parciais que se sintetizarão numa estrutura final. Toda estrutura tem uma gênese, ou seja, é construída pouco a pouco. Piaget (2007) explica que não existem estruturas inatas, na medida em que elas supõem uma construção. Em síntese, gênese e estrutura são indissociáveis em sua constituição. As mudanças das estruturas constituem os estágios do desenvolvimento cognitivo. E quando falamos em estruturas, em evolução intelectual e cognitiva da criança, de todo o desenvolvimento mental, devemos considerar, na perspectiva de Piaget e Inhelder (2006), a existência de fatores que colaboram para esse processo.

Dentre esses fatores, ressalta-se a importância de um processo maturacional (um fator interno, hereditário) do sistema nervoso e dos sistemas endócrinos, processo esse com base biológica e relacionado ao desdobramento gradual ou potencial. Desse modo, a maturação orgânica tem sua relevância na ordem de sucessão dos estágios, mas a cada passo de desenvolvimento esta se liga a outros fatores.

Um segundo fator diz respeito ao exercício, à experiência adquirida na ação do indivíduo sobre os objetos, na sua experiência ativa. Outro fator refere-se às interações e às transmissões sociais (experiência com as pessoas, que tem como principais meios a educação e a linguagem), como a transmissão escolar, por exemplo, que é impotente se não houver uma assimilação ativa da criança, o que envolve também instrumentos operatórios adequados.

Esses fatores são importantes em seu papel, mas insuficientes se tomados individualmente. Para o desenvolvimento mental, portanto, os fatores da maturação biológica dependem do exercício, da experiência adquirida e ainda da vida social (Piaget e Inhelder, 2006).

Ainda que tais fatores sejam imprescindíveis para explicar o desenvolvimento, não são suficientes, pois, para Piaget, há ainda um fator integrador dos demais, um fator interno, que constitui a autorregulação, a busca do equilíbrio (que o autor chama de equilibração), que possibilita regular e assegurar à criança interações eficientes dela com o meio social em que vive.

Desenvolvimento:
um movimento em busca do equilíbrio

Piaget compreende o desenvolvimento (o processo de equilibração) como a busca por um equilíbrio superior, com isso, na busca por equilíbrio constante surgem novas estruturas, novas formas de conhecimento. Nesse aspecto, para o estudioso, no desenvolvimento humano – da criança ao adulto – modificam-se as formas de conhecimento do mundo, as formas de organização da atividade mental, mas permanecem as mesmas funções. Assim, o homem pensa e age para satisfazer uma necessidade, para superar um desequilíbrio, para adaptar-se às novas situações do mundo que o cerca. Podemos dizer que a adaptação (a satisfação de uma necessidade, a solução de um problema) é a função constante do desenvolvimento: o ser humano se desenvolve para adaptar-se.

A *adaptação* e a busca por equilíbrio são propriedades constitutivas da vida em sua dupla vertente orgânica e psicológica. Nesse caso, a adaptação resulta num movimento, haja vista que o desenvolvimento ocorre num *continuum*, de modo que cada função se conecta a uma base preexistente e concomitantemente se transforma a fim de ajustar-se a novas exigências do meio. Assim, há o ajustamento de antigas estruturas a novas funções, bem como o desenvolvimento de novas estruturas a fim de preencher funções antigas. É através da adaptação a novas e diferentes circunstâncias que as mudanças nas estruturas mentais são engendradas.

A adaptação compreende dois processos distintos e complementares:

a) Assimilação: neste processo incorporamos o mundo exterior, pessoas, coisas e objetos, novas experiências ou informações às estruturas que já temos, sem, todavia, alterá-las. A assimilação vai alimentar, através do meio externo, os esquemas (estes definem-se por um comportamento que tem estruturas neurológicas relacionadas a eles) já existentes. Objetos ou situações são assimilados a um esquema quando se pode responder a ele usando uma aprendizagem, um conhecimento prévio. Assim, a criança, quando se defronta com novas experiências, tenta assimilar essas novidades às estruturas cognitivas que já possui. Uma criança que está diante de uma situação-problema de ter que distribuir as 12 bolinhas de gude que tem, com seus 3 amigos, poderá fazê-lo se tiver aprendido as regras da divisão, ou seja, vai resolver o problema aplicando regras que já conhece e estruturas mentais já existentes. Para Lefrançois (2008), a assimilação envolve responder às situações que se apresentam com a aplicação de atividades ou conhecimentos prévios.

b) Acomodação: consiste em reajustar as estruturas já existentes, transformando-as, ou em criar novas, de acordo com as exigências do mundo exterior, de maneira a incorporar novos conhecimentos. A acomodação acontece quando a criança, diante de uma determinada situação, não consegue assimilá-la, ou seja, não existe uma estrutura cognitiva que assimile a nova informação em função das particularidades da mesma, então ela cria um novo esquema ou modifica um esquema existente (realiza a acomodação), o que resulta em uma mudança na estrutura cognitiva.

Se pensarmos numa situação-problema de matemática, se você conhece uma forma para resolvê-la, será provavelmente facilmente resolvida e assimilada; se não conhece a fórmula, precisará estudar e adquirir novos conhecimentos, permitindo assim sua acomodação ao problema, para resolvê-lo, ou seja, implica uma mudança na compreensão dele.

Em síntese, no processo de assimilação, uma pessoa faz uso da estrutura disponível para incorporar os conhecimentos que estão sendo processados, que se ajustam à sua estrutura. Já na acomodação, a pessoa é levada a mudar sua estrutura para acomodar os novos conhecimentos. É o equilíbrio entre a assimilação e a acomodação que torna possível a *adaptação*. O equilíbrio assegura uma coordenação, um processo de autorregulação de uma série de "compensações" ativas do indivíduo em reação às "perturbações externas" (Lefrançois, 2008).

O equilíbrio (assimilação de um novo estímulo) pode ser encontrado nas situações em que, por exemplo, uma criança, ao experienciar uma nova situação tenta assimilá-la a um esquema já existente e caso isso ocorra com sucesso, terá alcançado naquele momento o equilíbrio, em relação àquela situação estimuladora particular. Caso a criança não consiga assimilar, visará à acomodação, modificando um esquema ou criando um esquema novo, na busca pelo equilíbrio.

Para Piaget (1973), o equilíbrio é muito importante, haja vista que se houver uma grande concentração de assimilação, pode não haver uma nova aprendizagem e, por outro lado, se houver muita acomodação, o comportamento pode tornar-se desordenado.

Assim, o indivíduo se estrutura através de mecanismos próprios, os quais não são dependentes diretamente de fatores sociais, pois são determinados pelo processo de busca de equilíbrio (equilibração), que por sua vez depende da maturação biológica. No entanto, na interação do indivíduo com o objeto, este se constitui em um elemento potencializador na desorganização das estruturas cognitivas, num elemento que causa o desequilíbrio. Nesse processo, a construção do conhecimento ocorre por um processo de organização e reorganização das estruturas cognitivas sobre os objetos da realidade e de sua adaptação às necessidades do próprio indivíduo. É em decorrência de um processo inacabável de desequilíbrio e novo equilíbrio superior que ocorre a construção e a evolução do conhecimento (Palangana, 2001). E o indivíduo só adquire um determinado conhecimento se estiver preparado para tal, ou seja, se tiver a maturação necessária.

De acordo com Piaget (1973), é a partir de estruturas biológicas e das suas ações sobre o meio que a criança constrói gradativamente suas estruturas cognitivas, que se apresentam numa organização sequencial cada vez mais complexa, num constante criar de novas estruturas ou novos esquemas, organizados em estágios de desenvolvimento cognitivo.

ESTÁGIOS DE DESENVOLVIMENTO COGNITIVO

São quatro os estágios do desenvolvimento cognitivo, que Piaget denomina de fases de transição. Dentro de cada período, a criança desenvolve determinadas estruturas cognitivas, as quais são corroboradas em seu comportamento; o desenvolvimento avança a partir do que foi construído em estágios anteriores, e o surgimento de determinadas mudanças indica o início de outra fase de desenvolvimento intelectual.

Piaget faz alusão a mecanismos funcionais comuns a todos os estágios e, nesse aspecto, que toda ação (pensamento, sentimento, movimento) "obedece" a uma necessidade, ou seja, só agimos movidos por motivos, por necessidades, que revelam a existência de um desequilíbrio. "A cada instante [...] a ação é desequilibrada pelas transformações que aparecem no mundo, exterior ou interior, e cada nova conduta vai funcionar não só para restabelecer o equilíbrio, como também para tender a um equilíbrio mais estável que o do estágio anterior a esta perturbação" (2007: 16).

Cada estágio constitui-se numa preparação para o que está por vir; numa organização do desenvolvimento mental que se dá progressivamente em função da sua *adaptação* à realidade, às exigências da mesma.

No processo de desenvolvimento, a inteligência e a afetividade caminham juntas e toda nova capacidade intelectual e afetiva começa por uma assimilação egocêntrica do mundo exterior (numa centralização do pensamento sob o ponto de vista próprio), para num momento posterior atingir o equilíbrio com a acomodação ao real.

Estágio sensório-motor: do nascimento aos 2 anos

Nesse período dos dois primeiros anos de vida, a criança reage ao mundo pelo sensório-motor, ou seja, suas ações se dão em razão de suas sensações e estas alicerçam sua compreensão das coisas, pois este período "[...] representa a conquista, através da percepção e dos movimentos, de todo o universo prático que cerca a criança" (Piaget, 2007: 17).

O recém-nascido apresenta, a princípio, ações reflexas. Com o amadurecimento do sistema nervoso e com a interação da criança com seu meio, essas ações vão sendo modificadas, aperfeiçoando o pequeno repertório de esquemas reflexos advindos com o nascimento.

Para o bebê, o mundo dos objetos só existe na medida em que ele os vê, os toca. Assim, seus comportamentos imitativos ficam mais restritos à presença do modelo a ser imitado, em virtude de sua dificuldade em perceber que os objetos continuam a existir, ainda que saiam de cena. A capacidade de imitar o que não está presente no momento de sua ação revela que a criança interiorizou a representação daquilo que está sendo imitado. O mundo do bebê é o do aqui e agora.

As características mais acentuadas do comportamento infantil, nesta fase, são as relacionadas à ausência da representação e da linguagem. No entanto, no final desse estágio, a criança já desenvolve a noção de permanência do objeto e já diferencia o que é dela do que é do mundo. Vai separando-se dos objetos, podendo, por isso mesmo, interagir com eles de forma mais complexa.

Ao longo desses dois primeiros anos de vida a criança adquire noções de causalidade, espaço e tempo, que são construídas pela ação, caracterizada por uma inteligência eminentemente prática. Tal inteligência diz respeito à manipulação de objetos, centra-se, portanto, em percepções e movimentos organizados pelo que Piaget chama de esquemas de ação (agarrar, balançar, jogar o objeto). O bebê, por exemplo, inicialmente, pega o objeto que está à sua mão, come o que lhe é dirigido à boca, visualiza o que está diante de si, não percebe as relações entre causa e efeito e, com o refinamento desses esquemas, aprende a fazê-lo, pois é capaz de ver um determinado objeto, agarrá-lo e trazer para sua boca de maneira intencional, ou seja, pratica um ato voltado para um objetivo. A interação com o objeto configura uma inteligência prática e revela intencionalidade e plasticidade (Piaget, 1975).

A comunicação expressa pela criança no primeiro ano ocorre por conta da imitação. Aprende aos poucos a imitar, num caminhar de simples movimentos espontâneos para, no final do período, proceder a imitações de movimentos mais complexos, como os que envolvem o rosto e a cabeça.

Piaget (2007) explicita a existência de três etapas organizadas entre o nascimento e o fim deste período: a dos reflexos, a da organização das percepções e hábitos e a da inteligência sensório-motora.

Estágio pré-operacional: dos 2 aos 7 anos

Neste estágio, a criança já desenvolve a função simbólica, que lhe permite substituir um objeto ou acontecimento por uma representação dele. Assim, podemos encontrar o surgimento da linguagem verbal, do desenho, da imitação, da dramatização etc. Isso permite criar imagens mentais na ausência do objeto ou da ação, fantasiar, fazer de conta, fazer uso do jogo simbólico, dar vida aos objetos ("meu copinho falou pra eu tomar o suco").

Com o aparecimento da linguagem, os comportamentos sofrem grandes modificações, resultando na possibilidade de a criança reconstituir suas ações anteriores, expressando-as em narrativas, e de antecipar suas ações futuras, verbalizando-as. Com a linguagem, a criança passa a um mundo social e de representações interiores. Começa com os monólogos (Piaget, 2007) expressos espontaneamente em voz alta como auxiliares da ação imediata, acompanhando as brincadeiras e outras atividades. Ou seja, enquanto brinca, a criança vai falando sozinha.

Outro aspecto da linguagem infantil são os corriqueiros porquês, constituindo-se em repetidas indagações sobre tudo o que cerca a criança. Além disso, as coisas também têm vida e intencionalidade (a caneta que fala, anda etc.), uma expressão do animismo infantil.

As primeiras condutas sociais encontradas nesse estágio permanecem distantes da verdadeira socialização, numa permanência da criança em si mesmo, em seu ponto de vista, em suas ideias, constituindo-se num egocentrismo em relação ao grupo social.

A criança já vai superando a redução do comportamento e do pensamento às suas sensações e movimentos, levando em conta que ocorre uma crescente melhoria na sua aprendizagem, possibilitando que explore melhor o ambiente, ampliando e sofisticando seus movimentos e percepções intuitivas. Desse modo, para Piaget (2007), o que é evidenciado é uma pré-lógica, com a aplicação do mecanismo de intuição, submetido ao primado da percepção.

Ainda que haja uma ampliação em sua percepção, em sua capacidade de representar os objetos, a criança até meados desse estágio (por volta dos 4 anos) os inclui em determinada classe, porém toma os objetos semelhantes como idênticos, na medida em que se fixa apenas em um aspecto particular da realidade, num tipo falso de lógica que caracteriza o raciocínio transdutivo, de caráter pré-lógico (mais governado pela percepção do que pela lógica). Por exemplo, todas as mulheres são mamãe; meu gato tem pelo, aquele bicho tem pelo, então, é um gato. Ou seja, a criança possui percepção global e não discriminando detalhes, deixa-se levar pela aparência sem relacionar fatos.

Outra característica que confirma o pensamento pré-operacional desse período de desenvolvimento refere-se ao comportamento egocêntrico, a criança é centrada em si mesma e não consegue se colocar, abstratamente, no lugar do outro, haja vista que o mundo existe a partir de sua própria perspectiva.

São evidenciados também problemas com relação à conservação, ou seja, as crianças mostram-se incapazes de compreender que a quantidade pode permanecer a mesma, embora mude seu aspecto ou aparência. Se apresentarmos uma figura em massa de modelar, não entenderiam que a quantidade seria a mesma com qualquer formato que lhe fosse dada; as aparências das situações e suas percepções fundamentam suas explicações, seu raciocínio.

Estágio das operações concretas: dos 7 aos 12 anos

Este período coincide com parte dos anos em que se frequenta o ensino fundamental (6 aos 14 anos), momento marcado por grandes aquisições intelectuais. E a criança desenvolve a capacidade de concentração, em trabalhos individuais, e de colaboração ao se trabalhar em grupo.

Neste estágio há um transitar de uma fase dominada mais pela percepção para outra, com o predomínio do pensamento mais regulado por regras. A criança descobre que a lógica governa ações e relações. No entanto, apesar de não se limitar mais a uma representação imediata, depende do mundo concreto para abstrair, suas ações são realizadas a fim de organizar sua realidade, pela habilidade de solucionar problemas concretos. E, na aplicação de tais soluções, tem condições de perceber a possibilidade de situações estáticas sofrerem transformações.

O pensamento torna-se *reversível*, o que ocorre pela percepção de que cada operação comporta uma operação inversa (como a adição em relação à subtração). E a criança já compreende a noção de conservação: se mudar a água de um copo para outro, de formato diferente – mais fino e alto –, entende que a quantidade permanece, pois, num movimento reversível, a água pode ser colocada novamente no copo anterior, voltando ao nível que tinha. Se, por outro lado, em sua afirmação ela raciocinasse que o copo é mais alto, porém mais fino, portanto, uma coisa compensaria outra e ela faria uso da regra da *compensação*, numa combinação, nesse caso, de mais de uma dimensão. Com a aplicação da regra da *identidade*, a criança poderia ainda raciocinar que, se nada foi acrescentado ou retirado do recipiente, a quantidade de água permanece a mesma em cada um deles.

Piaget conclui, após diversas experiências com crianças, que, nesse estágio, elas consolidam as noções de conservação de número, substância, volume e peso, além da causalidade. Adquirem novas habilidades para lidar com conceitos de classe, de séries, estabelecendo correspondência entre mais de uma série, ordenando elementos por seu tamanho, incluindo conjuntos, organizando, portanto, o mundo de forma lógica ou operatória.

Nesse estágio, o raciocínio caracteriza-se como indutivo, em que a apreensão do real se dá num movimento das partes para o todo. Tem necessidade de comprovação empírica de suas elaborações mentais. A transição da intuição à lógica, às operações matemáticas, se concretiza, no decorrer do estágio, pela possibilidade da construção de agrupamentos e grupos.

A forma de pensar o mundo tende a ser socializada, superando a forma anterior mais individualizada, atitudes egocêntricas, característica esta que pode ser percebida no acentuado declínio da linguagem egocêntrica até seu completo desaparecimento.

A criança passa a pensar antes de agir, rumo ao processo de reflexão. Liberta-se gradativamente de seu egocentrismo social e intelectual. É possível verificar uma busca por compreender o pensamento do outro e a necessidade em transmitir o seu pensamento aos demais e se fazer aceita em seus argumentos. Há significativo aumento da empatia com os sentimentos e as atitudes dos outros. Apresenta sentimentos morais e sociais de cooperação. O respeito mútuo e a prática de cooperação têm como consequência o sentimento de justiça (Piaget e Inhelder, 2006).

Nota-se, ainda, uma forte diminuição do animismo, presente na fase anterior, ou seja, a atribuição de sentimentos humanos a objetos, dando vida a eles. Esse animismo perde espaço para uma espécie de causalidade, por uma assimilação racional. E há uma maior estabilidade no sistema de regulação em razão do equilíbrio entre a assimilação e a acomodação.

Estágio de operações formais: a partir dos 12 anos

No estágio anterior, as crianças aplicavam sua lógica diretamente à própria realidade, aos objetos reais.

Já agora as estruturas cognitivas alcançam seu nível mais elevado de desenvolvimento, seu ápice, correspondendo ao nível de pensamento hipotético-dedutivo ou lógico-matemático. O indivíduo torna-se apto a aplicar o raciocínio lógico e sistemático aos mais diversos problemas, formular hipóteses e buscar soluções para os mesmos, usando o pensamento abstrato: "as operações lógicas começam a ser transpostas do plano de manipulação concreta para o das ideias, expressas em linguagem qualquer [...]" (Piaget, 2007: 59).

O pensamento do adolescente se liberta do real, permitindo criar e recriar reflexões e teorias a seu modo, resultando, inclusive, na crença na onipotência da reflexão, que é superada (alcança o equilíbrio) na medida de sua compreensão de que a função da contradição não se reduz a contradizer. Apresenta, portanto, facilidade em elaborar teorias abstratas que transformam o mundo, numa orientação de seus interesses para o futuro.

Esse domínio e capacidade do adolescente para lidar com o hipotético, com o ideal, são marcados pela evolução do pensamento, com o aparecimento do pensamento proposicional, que permite combinações diversas. Piaget (2007) esclarece que nesse estágio é possível raciocinar do real para o simplesmente possível, ou deste para o concreto; estabelecer combinações entre proposições inversas e recíprocas, onde cada operação pode ser recíproca de uma e inversa de uma outra. Assim, o que se espera é que, diante de um problema colocado ao indivíduo, ele imagine um grande número de probabilidades até chegar a uma solução.

Através da análise combinatória, que permite o estabelecimento de qualquer classe ou relação, por meio da reunião dos elementos, o adolescente torna-se capaz de combinar entre si elementos de conjuntos diferentes, com os quais constrói outro conjunto, ou seja, novas lógicas. Também passa a formular e compreender conceitos abstratos, como de liberdade, justiça. Além disso, é comum a crítica aos valores morais e sociais, sendo que a sua moral é estabelecida e referenciada principalmente a partir da do grupo de amigos.

Outra característica atrelada a esse estágio, segundo Piaget (2007), refere-se à afirmação da vida afetiva, com a formação de sua personalidade (construção de um plano de vida, numa disciplina e cooperação) e a inserção no mundo adulto. Mundo em que se coloca em pé de igualdade com os adultos, ainda que se sinta diferente deles e busque ultrapassá-los, transformando o mundo; organiza seu plano de vida em função de tal ideia.

A realização de operações formais atingida pelo adolescente é a predominante no raciocínio utilizado pelo adulto. Se pensarmos em um desenvolvimento posterior, este está relacionado à ampliação de conhecimentos tanto em extensão como em profundidade, mas não na aquisição de novos modos de funcionamento mental. Em suma, o indivíduo avança tanto quanto lhe exige e ao mesmo tempo lhe permite o meio e insere-se afetiva e intelectualmente na sociedade dos adultos.

Para Piaget (1975), a sequência dos estágios de desenvolvimento é sempre a mesma, o que pode mudar é o ritmo com que cada um realiza as mudanças e adquire novas habilidades. O que é importante é compreender que a tendência de toda a atividade humana é marchar rumo ao equilíbrio. "E a razão – que exprime as formas superiores deste equilíbrio – reúne nela a inteligência e a afetividade" (Piaget, 2007: 65).

Aprendizagem: repensando a educação

Os estudos de Piaget passam a ganhar mais espaço no Brasil por volta da década de 1980, fundamentando estudos teóricos e práticas acerca do desenvolvimento humano e da aprendizagem e subsidiando um ensino centrado no aluno.

De acordo com os pressupostos teóricos de Piaget (1973, 1974, 1976, 2007), há que enfatizar a primazia da ação do sujeito sobre o objeto do conhecimento a ser construído mediante uma experiência individual. Na construção desse conhecimento é preciso transformá-lo, adaptá-lo em função das características e necessidades individuais.

A compreensão acerca da construção desse conhecimento na sala de aula sugere que deve ser construído de modo gradativo e não mediante a transmissão pura e simples pelo professor. Assim, a sala de aula passa a ser um laboratório de experimentação e cooperação. A construção do conhecimento (daí a expressão "construtivismo"), portanto, predispõe a criança à percepção, à observação e à experimentação através da manipulação dos objetos, levando em consideração seu estágio de desenvolvimento.

Nessa perspectiva, os processos de desenvolvimento e de aprendizagem do indivíduo são construídos por meio das relações que mantém com o meio para atender às suas necessidades. Para Piaget (1974) a aquisição do conhecimento, no entanto, é realizada de maneira ativa pelo indivíduo, ainda que a fonte desse conhecimento possa estar tanto no exterior (meio físico, social) como no seu interior.

Quanto ao meio exterior, as interações ocorridas em sala de aula entre as crianças, nas atividades em grupos, nas trocas de experiências, de aprendizagens mostram-se fundamentais ao desenvolvimento das construções cognitivas individuais, pois, através delas emergem conflitos, oposições de opiniões e atitudes. Nesse caso, o professor é visto como um orientador, um promotor de desafios, oferecendo aos alunos oportunidades de aprendizagens significativas, o domínio do conhecimento e do processo de conhecer; ele deixa de ter o papel tradicional de transmissor do conhecimento.

Ensinar é provocar o desequilíbrio da mente do estudante para que ela busque o reequilíbrio, numa reconstrução de novos esquemas, ou seja, que ele aprenda.

Os estudos de Piaget nos mostram que cada fase de desenvolvimento apresenta características e possibilidades de crescimento ocorridas por meio da maturação e de aquisições. O conhecimento dessas possibilidades pode possibilitar aos professores oferecer estímulos adequados a um maior desenvolvimento do aluno.

A aprendizagem deve ser avaliada de acordo com as competências próprias de cada estágio de desenvolvimento, pois os mesmos revelam as características que possibilitam o aprendizado dos alunos e ainda uma explicação dos mecanismos e dos processos que interferem na aquisição de conhecimentos novos. Nesse aspecto, é importante que o educador conheça o nível cognitivo dos seus alunos e suas propriedades, seu processo, antes de realizar suas atividades educativas. A educação escolar pode, portanto, estimular e favorecer a construção das estruturas em desenvolvimento, relativas ao período em que o indivíduo se encontra em sua escolarização, para que haja progressos rumo aos sucessivos estágios.

VIGOTSKI: DESENVOLVIMENTO CULTURAL E APRENDIZAGEM

> "No processo de educação também cabe ao mestre um papel ativo: o de cortar, talhar e esculpir os elementos do meio, combiná-los pelos mais variados modos para que eles realizem a tarefa de que ele, o mestre, necessita. Desse modo, o processo educativo já se torna trilateralmente ativo: é ativo o aluno, é ativo o mestre, é ativo o meio criado entre eles."
>
> *Vigotski*

Este capítulo trata da teoria de Lev Semionovitch Vigotski (1896-1934), principal representante da chamada Psicologia Histórico-Cultural, estudioso que enfrentou o desafio de construir uma nova Psicologia que desse embasamento científico também à Pedagogia, a partir de sua "nova" concepção de homem, como forma de aportar às relações sociais, à educação, à mediação com a cultura, um caráter dirigente do processo de desenvolvimento de todos os indivíduos em sociedade.

Teórico que estudou a relação entre pensamento e linguagem, o processo de desenvolvimento da criança e o papel da educação formal no desenvolvimento e que, contando com o apoio de colaboradores como Luria e Leontiev, deixou um legado de mais de 180 trabalhos (em dez anos de estudos) na área de Psicologia. Buscou superar a "velha Psicologia" (as vertentes subjetivistas e objetivistas), a dicotomia entre mente-corpo, visões que, no geral, desconsideram as relações sociais e a história de transformações socioculturais.

Para tanto, Vigotski[1] utiliza-se do método materialista histórico e dialético (desenvolvido por Marx e Engels) como forma de compreender os elementos que historicamente influenciaram a consolidação da Psicologia enquanto uma ciência da vida concreta dos indivíduos, mediante o resgate da história do desenvolvimento pessoal e da relação desta com a história social dos homens (Tuleski, 2002).

Por isso, a teoria de Vigotski entende que os processos psicológicos devem ser compreendidos em sua totalidade e em movimento, numa visão dialética do processo integral do comportamento. Esse comportamento se dá a partir de processos biológicos vinculados ao fato de que o homem é um ser social e histórico que realiza ações sobre a natureza (processo de trabalho), com o intuito de constituir-se na sua forma de ser e de agir e suprir as necessidades colocadas pelo meio em que vive.

Assim, Vigotski, desenvolvendo sua teoria nos anos pré e pós-Revolução Russa de 1917, transformou-se em um cientista revolucionário, na medida em que buscou elaborar um saber psicológico em comunhão com as transformações históricas para ir além das explicações reducionistas, das aparências e fazer do homem o sujeito dessas transformações.

Desse modo, para compreendermos como se dá esse processo de transformação e de constituição do homem cultural, procuraremos trazer à tona alguns conceitos importantes que embasam a abordagem teórica vigotskiana e fundamentam uma educação escolar compromissada com os processos de aprendizagem e desenvolvimento do indivíduo.

A EDUCAÇÃO ESCOLAR NO PROCESSO DE HUMANIZAÇÃO DO HOMEM

Sabemos que o homem, na medida em que interage com o outro, supera sua condição biológica, processo que é mediatizado pela cultura humana composta de objetos, instrumentos, ciência, valores, hábitos, lógica e linguagens.

Nesse prisma, a educação é essencial, com destaque para a educação realizada por meio do ensino e da educação escolar, pois de acordo com Leontiev (1978) esta se caracteriza por um processo de humanização, que permite aos homens o desenvolvimento de suas aptidões, numa apropriação das obras da cultura historicamente constituídas pela humanidade, através das interações sociais estabelecidas.

Por isso, ao longo da história, como nos indica Mello (2007), o ser humano formou o conjunto de gestos adequados ao uso de objetos e de instrumentos, bem como as funções intelectuais envolvidas nesse processo. Assim, ao criar a cultura humana criamos o conjunto das características e das qualidades humanas expressas pelas habilidades, capacidades e aptidões que foram se formando ao longo da história por meio da própria atividade humana.

Tais qualidades, por sua vez, não são adquiridas sob a forma de herança genética e, sim, por meio da cultura material e intelectual repassada de geração a geração, que nos indica o que devemos aprender ou rechaçar.

Para tanto, é necessário que as novas gerações aprendam a utilizar os objetos da cultura deixados pela geração precedente, de acordo com a função social para a qual foram criados, levando adiante o processo de desenvolvimento da humanidade. Desse modo, ao apropriar-se dos instrumentos culturais, como o computador ou a linguagem escrita, por exemplo, faz-se necessária a mediação, motivo pelo qual uma criança, ainda que nasça com o aporte biológico necessário ao seu desenvolvimento, necessita relacionar-se com os outros para humanizar-se.

Assim, Vigotski (2001) compreende que o nosso desenvolvimento está vinculado à natureza e à qualidade das mediações que realizamos ou das quais participamos, bem como ao quanto aprendemos a fazer uso de instrumentos da cultura, como referência do nível de desenvolvimento da nossa mente.

Reforça-se, desse modo, a importância e a necessidade de que as mediações proporcionadas às crianças, desde muito cedo, sejam ricas em oportunidades de aprendizagem e possam mediar a apropriação das significações socialmente produzidas, pois ao dar sentido aos objetos, normas, valores, papéis sociais, experiências, por exemplo, individualiza-se e constrói um modo próprio de ser no mundo, pleno de significações (Carvalho, 2007).

No processo de desenvolvimento cultural as aquisições históricas da humanidade não estão incorporadas nas disposições naturais do homem, e sim, no mundo que o rodeia, nas grandes obras da cultura humana.

Por isso, para Vigotski (2001), o ensino e a educação têm um papel fundamental, por constituírem formas universais de desenvolvimento psíquico do homem que variam de acordo com os determinantes históricos. Elkonin (1987) realça a relevância de um bom ensino para o desenvolvimento intelectual da criança em idade escolar, desde que o ensino tenha significado e exerça influência sobre o desenvolvimento. "A importância primordial da atividade de estudo está determinada, ademais, porque através dela se mediatiza todo o sistema de relações da criança com os adultos que a circulam, incluindo a comunicação pessoal na família" (1987: 119).

Quando se trata de um ensino orientado, formal, consideramos que as relações de aprendizagem estão imbricadas com uma série de fatores, entre eles, a necessidade de conhecer as condições adequadas para o processo de aprendizagem, o que envolve igualmente uma formação adequada dos professores, visando propiciar situações de aprendizagem e de desenvolvimento em que o aluno participe ativamente.

Quanto a isso, Saviani (2005) aponta que cada homem contribui para a produção do saber, mas deve ter a possibilidade de acesso, objetivação e apropriação da cultura para que se desenvolva, e um importante meio de acesso e de socialização da cultura, do saber elaborado (com os devidos instrumentos) é a educação escolar. Daí a importância de que todos tenham acesso a uma escola de qualidade.

Nessa perspectiva, o professor constitui-se em um mediador entre os conteúdos já elaborados pelos homens e os alunos, de tal modo que propicia a formação e transformação das funções psicológicas superiores (atenção voluntária, imaginação, pensamento, linguagem etc.), por meio da apropriação dos conhecimentos e provocando neles a necessidade de apropriação permanente de novos conhecimentos.

Assim, o homem em processo de humanização e culturalização pode encontrar, nas relações com o outro, na educação escolar, as mediações e instrumentalizações necessárias e fundamentais para o desenvolvimento das funções psicológicas superiores que, estruturadas em sistemas funcionais, organizam dinamicamente a vida mental de um indivíduo nas suas relações com seu meio, ajudando em seu desenvolvimento e na apropriação das características produzidas historicamente pelas gerações humanas.

As funções psicológicas superiores: independência do homem

Dentro da perspectiva da Psicologia Histórico-Cultural, ao considerarmos as possibilidades do processo de desenvolvimento em sua complexidade, devemos levar em conta que o recém-nascido atravessa mudanças e estágios de desenvolvimento específicos, caminhando para a condição de homem adulto cultural – história individual sendo influenciada pela história social (ontogênese). Além disso, carrega consigo uma evolução complexa, que combina ainda mais duas trajetórias: a da evolução biológica, constituída desde os animais (o macaco) até o ser humano, reconhecendo a diferença entre eles, pela capacidade do homem em fabricar e usar instrumentos de acordo com a sua necessidade; e a da evolução histórico-cultural, que compreende a transformação gradativa do homem primitivo no homem cultural moderno (filogênese) (Vygotsky e Luria, 1996).

Nesse aspecto, o que caracteriza a evolução da espécie humana e a difere das outras espécies é o fato de ter se tornado capaz de assumir o controle de sua própria evolução, criando suas próprias condições de existência e contrariando o determinismo da adaptação às exigências das condições naturais do meio para sua sobrevivência.

Portanto, o homem, ao nascer, possui todo um aparato formado na história evolutiva da espécie humana, porém, é na relação dialética com o mundo real que terá proporcionadas ou não as condições necessárias ao seu desenvolvimento. E, à medida que o homem intensifica suas relações com o mundo, apropria-se da experiência humana, transforma e desenvolve permanentemente suas funções psíquicas superiores, como a aquisição da linguagem, o surgimento da memória, da criatividade e da imaginação, o desenvolvimento das emoções, a formação de novos tipos de comportamentos sociais (ações conscientemente controladas, processos voluntários), internalizando as formas culturais de comportamento.

Em suma, o psiquismo humano é produto da atividade cerebral e de todo o contexto em que se inter-relacionam os homens, podendo ser compreendido como a totalidade dos processos psíquicos superiores e do comportamento social. Esses processos possibilitam ao homem constituir a sua psique, que expressa o modo peculiar de cada um, sua subjetividade, sua individualidade.

O desenvolvimento do psiquismo humano começa onde termina a evolução filogenética, numa expressão de todo o caminho histórico percorrido pela humanidade, desde o homem primitivo até o homem de hoje, transformando os processos psíquicos elementares (ações reflexas, reações automáticas), de origem natural/biológica, em processos superiores – de origem cultural, possibilitando a independência e planejamento de suas ações no mundo.

O DESENVOLVIMENTO DA CRIANÇA: DE AÇÕES REFLEXAS A INTENCIONAIS

A criança, em seu processo de desenvolvimento cultural, em princípio, possui estruturas primitivas, elementares, determinadas pelas peculiaridades biológicas de sua psique. Na medida em que essas primeiras estruturas se desenvolvem, em contato com a cultura, ao defrontar-se e interagir com a realidade, com as exigências desta, aparecem novas estruturas, constituindo-se em novas relações das partes e em estruturas superiores, numa destruição e reorganização da estrutura primitiva para um arranque a estruturas de tipo superior. Desse modo, o todo e as partes se formam de maneira paralela, em conjunto (Vygotski, 2000).

Essas estruturas e os comportamentos naturais encontrados no recém-nascido são evidentes em sua capacidade de sugar, chorar, balbuciar. Os órgãos de percepção, por exemplo, ainda não funcionam para ele, pois não existe um mundo de coisas habitualmente percebidas. As suas sensações primitivas iniciais, seu elo com o mundo, se dão pela boca, haja vista que possui sensações orgânicas restritas ao corpo. No entanto, seu desenvolvimento produz uma revolução na vida da criança, em que os princípios orgânicos de existência começam a ser substituídos pelo princípio da realidade externa e, o que é mais importante, social.

As mudanças externas, ou o mundo material criado pelo homem, produzem, portanto, as transformações do indivíduo, cuja natureza psíquica representa o conjunto de relações sociais, passadas do externo para o interno. Assim, como expressa Shuare (1990), a função psíquica aparece duas vezes no processo de desenvolvimento da criança: uma vez no plano social – como função compartilhada entre a criança e outros adultos, que é a função interpsicológica – e outra vez no plano psicológico – como função individual, resultando na função intrapsicológica.

O processo de desenvolvimento, de transformação e adaptação da criança é assinalado por "estágios" de desenvolvimento cultural, nos quais a criança vai adquirindo habilidade propícia para utilizar as ferramentas criadas pelo homem, exemplo disso, é que de início a criança usa o objeto como algo indiferenciado e, posteriormente, com o intuito de conseguir o que deseja.

Não obstante, para que a criança realize uma ação organizada, é importante que a sua atividade instintiva inicial seja substituída pela atividade intelectual intencional. Então, com o seu desenvolvimento, a criança inibe as funções primitivas, que dão lugar ao desenvolvimento das formas complexas de adaptação (funções psicológicas superiores), caminhando em direção ao adulto cultural. Vygotsky e Luria (1996) esclarecem que a capacidade da criança de fazer uso de instrumentos, de ferramentas, dos recursos já existentes, é que a diferencia de uma criança com deficiência e caracteriza o seu desenvolvimento cultural.

Podemos observar o nível de desenvolvimento psicológico da criança a partir do modo como ela faz uso das ferramentas para atingir seus objetivos, para adaptar-se às exigências do meio. Assim, nesse processo de desenvolvimento adquire inúmeras novas habilidades e novas formas de comportamento. Ela não só amadurece, mas torna-se reequipada.

Destacamos que o desenvolvimento da criança na Psicologia Histórico-Cultural é tomado como um processo qualitativo, ou seja, não se limita a mudanças e transformações quantitativas. Daí a importância de estudar as peculiaridades positivas do comportamento infantil, e não reduzir-se às negativas. Vygotski (2000) destaca que, para voltar-se ao positivo, deve-se modificar a concepção do desenvolvimento infantil, compreendendo-o como um complexo processo dialético que não se restringe a uma periodicidade fechada, considerando as transformações qualitativas de umas formas em outras, num entrelaçamento complexo de processos "evolutivos e involutivos".

No entanto, esse desenvolvimento não se concretiza de uma vez para sempre, pois se consolida na vida e atividade social dos homens. Deve-se considerar o todo, pois o processo de estruturação das formas complexas do comportamento não pode deduzir-se da simples agrupação de qualidades particulares. Assim, o desenvolvimento da psique humana não é imutável ou invariável, nem aguarda um amadurecimento intrínseco sujeito e determinado por algum tempo.

Se nos voltarmos, por exemplo, para o desenvolvimento do processo de atenção, veremos, de acordo com Vygotsky e Luria (1996), que, a princípio, é possível observar na vida do bebê uma atenção natural. Essa atenção, ao ser provocada por estímulos fortes, apresenta-se como instintivo-reflexiva com caráter não intencional, atuando enquanto o estímulo estiver presente. Depois disso o comportamento organizado dá lugar ao comportamento caótico e indiferenciado.

Na medida em que a criança enfrenta certas exigências postas a partir de tarefas mais complexas, por conta de sua interação social, a atenção natural não é suficiente. Nesse momento, passa a ser necessária uma forma de atenção mais estável, mais autocontrolada: uma atenção voluntária. Pode-se dizer que as condições culturais postas começam a produzir um determinado número de "quase necessidades" – provocando estados de tensão que conduzem a criança para determinada atividade até que esta se finalize, ou seja, permanecendo por muito mais tempo sua atenção. Esse estímulo cultural do comportamento afeta-lhe a personalidade e organiza a sua atividade. Assim, à medida que a criança vai realizando suas tarefas, são introduzidas mudanças na estrutura do comportamento. Em consequência disso, os traços da experiência anterior dão mais força a esse estímulo cultural, permitindo, enfim, que a pessoa tenha condições de se concentrar voluntariamente na atividade.

Então, para alcançar uma atenção, enquanto função real, faz-se necessária, inicialmente, a criação de dispositivos específicos que permitem à criança regular suas operações psicológicas, o que se dá por meio de gestos significativos e da fala de um adulto. Podemos dizer, então, que as funções psicológicas se constituem no indivíduo na medida em que este se envolve em relações sociais. Em tese, nos tornamos nós mesmos através dos outros e o mediador dessa relação é a significação dada, pelo outro, às nossas ações naturais, haja vista que a significação converte um fato natural em cultural, numa passagem do plano social para o pessoal.

Ao se desenvolver culturalmente, a criança tem a oportunidade de criar esses estímulos (adicionais), que a influenciarão no futuro, organizando seu comportamento e mantendo sua atenção, por si só, numa determinada situação, e eliminando do seu foco o que está em segundo plano. Assim, a criança organiza seu comportamento e seus processos internos. Modifica suas formas mais básicas de adaptação ao mundo exterior e, para tanto, utiliza capacidades inatas, "naturais", e segue para estágios mais complexos. Nessa etapa, ela passa a utilizar todo tipo de instrumentos e signos como recursos, num processo cultural complexo, com a ajuda de uma série de dispositivos externos, que num próximo estágio serão abandonados. Então, o organismo sai desse processo evolutivo transformado, possuidor de novas formas e técnicas de comportamento, de modo que técnicas externas e signos culturais aprendidos na vida social tornam-se processos internos.

Desse modo, dentro do desenvolvimento cultural, a criança, de atitudes ingênuas (primitivas e inadequadas) com compreensão insuficiente dos mecanismos, das operações que está utilizando em sua adaptação ao mundo exterior, evolui dessa condição na medida em que vincular os signos com os estímulos apresentados e desenvolver a capacidade de utilizar seus próprios processos neuropsicológicos como técnicas para alcançar determinados fins.

O DESENVOLVIMENTO DA CRIANÇA E SUAS MUDANÇAS "REVOLUCIONÁRIAS"

Esclarecemos ainda que o desenvolvimento não se dá por mudanças graduais, lentas, evolutivas, mas sim por mudanças revolucionárias, bruscas, que se mostram essenciais nas forças motrizes do processo.

Nas explicações de Vygotski (2000), a criança, nas suas relações com o mundo externo, vai revolucionariamente desenvolvendo suas funções psicológicas superiores, porém as formas superiores de comportamento trazem consigo processos inferiores, elementares. As funções naturais continuam existindo dentro das culturais e estas são variáveis.

Temos, assim, as correlações das funções psíquicas externas e internas, em que o interno é externo e as funções psíquicas superiores passam por uma etapa externa que a princípio é social: "Toda função psíquica superior foi externa por haver sido social antes que interna; a função psíquica propriamente dita era antes uma relação social de duas pessoas" (Vygotski, 2000: 150).

Se, por outro lado, uma criança ficar à parte dos modos culturais de desenvolvimento intelectual natural, não realizará completamente o processo de desenvolvimento cultural, num tolhimento de suas possibilidades para a concretização de altos níveis de desenvolvimento. Vygotski (1997) destaca que é o meio no qual a criança se desenvolve que promove os avanços em suas capacidades psíquicas. Assim, crianças consideradas com características diferentes necessitam de métodos individuais e especiais de trabalho que venham dar conta de suas particularidades e do avanço do desenvolvimento delas. Seu desenvolvimento está vinculado, portanto, ao que o ambiente pode oferecer desde o princípio a elas, e se, desde muito pequenas, vivem sob condições de um ambiente abundante em todos os aspectos, terão maior desenvolvimento do que as que recebem do ambiente a escassez em todos os sentidos.

Em suma, no processo de apropriação da cultura, a aprendizagem possibilita o desenvolvimento, a criança se reequipa.

Relações entre aprendizagem e desenvolvimento humano

Como vimos anteriormente, a criança, em seus processos iniciais de desenvolvimento, tem o mundo de objetos externos como estranho, no entanto, na medida em que se aproxima desse mundo e passa a ter controle sobre esses objetos, utiliza-os de modo funcional, ou seja, como ferramentas. Então, novas formas e recursos de comportamento se desenvolvem a fim de dar apoio a movimentos naturais e aos anteriormente adquiridos.

Assim, é possível encontrarmos nas condutas do homem todo um conjunto de recursos artificiais ou sociais (não orgânicos ou naturais) empregados no domínio dos processos psíquicos próprios, denominados de ferramentas ou instrumentos psicológicos, voltados a conduzir os processos da ação de outrem ou a própria, tais como: a escrita, o desenho, as obras de arte, os mapas, os diagramas, as diversas formas de numeração e de cálculo etc.

A criança utiliza técnicas culturais que contribuem para o desenvolvimento de suas funções psicológicas superiores, principalmente em sua fase escolar. Em desenvolvimento, a criança apropria-se das técnicas já criadas e aprende a utilizá-las, transformando seus processos naturais, empregando, por exemplo, cartões, papel ou outros objetos para ajudá-la a lembrar-se de algo que lhe foi solicitado.

Mas a criança necessita aprender a dominar estes recursos como meio de memorização, descobrindo o uso funcional do signo, como forma de ampliar a sua capacidade natural de memorizar. Processo que vai substituindo os métodos mais primitivos de memorização por outros mais eficientes, tal como utilizar-se do sistema numérico para lembrar de uma determinada quantidade.

Identificamos aqui a forte função da escola de colaborar com a criança na apropriação das técnicas culturais, permitindo-lhe superar métodos mais primitivos e desenvolver-se rumo às funções psicológicas superiores. Desse modo, a escola "cria uma provisão de experiência, implanta grande número de métodos auxiliares complexos e sofisticados e abre inúmeros novos potenciais para a função humana natural" (Vygotsky e Luria, 1996: 194).

Lembramos, por outro lado, que a linguagem se torna, ao longo do desenvolvimento, o instrumento mediador fundamental da ação psicológica, mediando as funções psicológicas, mudando sua natureza, do mesmo modo que as ferramentas medeiam a relação com o meio. A linguagem realiza mediação com o outro e a relação da pessoa com ela mesma; a princípio numa função de regulação e comunicação com o mundo externo frente às atividades sociais, para posteriormente tornar-se um regulador da própria ação do indivíduo, chegando a transformar-se em uma ferramenta de diálogo interior.

Nesse prisma, Vigotski (2001) entende a relação entre o desenvolvimento humano e a aprendizagem diferentemente de outras concepções, primordialmente, ao considerar o papel fundamental da aprendizagem no desenvolvimento e as relações existentes entre estes processos desde o nascimento da criança.

Para ele, o desenvolvimento não é um processo previsível, universal ou linear, ao contrário, é construído no contexto, na interação com a aprendizagem. Esta deve ser produzida de maneira a provocar e possibilitar esse desenvolvimento, que a princípio é mais restrito ao biológico. Em consonância com isso, o desenvolvimento humano tem nas relações sociais sua mola propulsora.

No caminho de desenvolvimento, têm grande peso os processos de aprendizagem, que vão sendo constituídos em todos os círculos culturais em que o indivíduo está inserido. O aprendizado adequadamente organizado resulta em desenvolvimento mental, colocando em movimento diversos processos de desenvolvimento.

Esses processos de aprendizagem se constituem em constante contradição entre as formas primitivas e as culturais. O desenvolvimento cultural não é, portanto, continuação e consequência direta de seu desenvolvimento natural, de modo que temos avanços que se dão em saltos, e, ao invés de cooperação, temos uma luta no desenvolvimento da criança.

O processo de desenvolvimento é caracterizado por crises e rupturas provocadas por contradições entre o modo como a criança vive em determinado momento e, ao mesmo tempo, as possibilidades de superação já existentes. Não temos, assim, uma linearidade ou mesmo a dependência de formas inatas de atividade psíquica.

Com essas mudanças teórico-conceituais, modificam-se também as concepções de educação cultural, levando psicólogos e educadores a compreenderem a criança nesse processo como sujeito ativo. Isso porque, ao adentrar numa cultura, assimila e se enriquece com o que está fora dela, pois a própria cultura reelabora em profundidade a organização natural de sua conduta e ainda produz uma orientação completamente nova a todo o curso de seu desenvolvimento (Vygotski, 2000).

Desenvolvimento: do proximal ao real

Ao pensar na criança como um ser histórico-cultural, devemos considerar, na perspectiva de Vigotski, que ela é, desde muito pequena, capaz de estabelecer relações com o mundo que a cerca, de explorar os espaços e objetos que a rodeiam e de aprender de modo a desenvolver-se como ser humano. Assim, a criança não é um ser incapaz e totalmente dependente do adulto para realizar suas atividades, porém necessita da mediação dele, avançando qualitativamente na formação e desenvolvimento de suas funções psíquicas superiores.

Não obstante, uma criança, muitas vezes, é vista dentro de seu processo de desenvolvimento sob o viés do recorte, casos em que uma criança não é compreendida como um ser integral e cheia de possibilidades. Isso limita a compreensão de seus aprendizados e desenvolvimento ao que é capaz de fazer apenas autonomamente, ou seja, ao que está apta a fazer no momento atual ou ao que tem "maturidade" para executar.

No entanto, quando se avalia o desenvolvimento infantil, devem-se levar em conta também as funções que estão em processo de maturação, ou seja, que estão prestes a consolidar-se, que a criança consegue concretizar com a ajuda e mediação de um adulto ou companheiro mais experiente por meio de pistas, demonstrações, perguntas-guias, presentes na chamada zona de desenvolvimento proximal.

Zona essa que, segundo Vygotski (2000), permite ao indivíduo ir além de suas aprendizagens atuais, pois é caracterizada pela distância entre o nível real/atual de desenvolvimento, condicionado pela sua capacidade em resolver de modo independente um problema, e o nível de desenvolvimento potencial, em que a criança resolve um problema em colaboração (transitória) com uma pessoa mais experiente. Assim, temos chances de estarmos mais atentos aos conhecimentos que estão em vias de se formar, na dinamicidade que os mesmos envolvem e não apenas nos centrarmos naqueles que já estão fixados, no conhecimento real.

Daí a importância de que o apoio à criança ocorra e se ajuste às suas necessidades, estimulando-a a avançar no seu conhecimento e aprendizagem, processo em que gradativamente o adulto (professor, educador) experiente deve entrar e sair de cena na medida em que essa criança vai se desenvolvendo. Destacamos que o que a criança é capaz de fazer no momento com a ajuda de outrem, poderá fazer sozinha num momento posterior.

Diante dessa perspectiva, temos valorizada a compreensão da função da prática pedagógica, em destaque ao papel que o professor tem em seu trabalho, à medida que as aprendizagens resultantes podem levar ao desenvolvimento.

Assim, a incidência do ensino formal sobre a zona de desenvolvimento próximo ou proximal é fundamental para o processo de desenvolvimento intelectual e para maiores êxitos na aprendizagem e desenvolvimento da criança, motivo pelo qual, dentro dessa perspectiva, um ensino deve estimular no sentido de se adiantar ao desenvolvimento já alcançado pela criança.

Quando se oferece a uma criança o apoio e a orientação de um professor, a ela são dadas condições de resolver problemas mais difíceis. Nesse caso, ela faz uso da imitação, que contribui para que realize a atividade solicitada, e só o faz porque existe um desenvolvimento que está próximo de ela conseguir fazer sozinha. Ao contrário, se fosse exigido dela algo muito distante do que sabe, ela não teria condições de fazê-lo, pois "a criança só pode imitar aquilo que se encontra na zona de suas próprias potencialidades intelectuais" (Vigotski, 2001: 328).

O processo de desenvolvimento e de aprendizagem não coincidem e, ainda que se constituam em uma unidade, não são idênticos. Temos, portanto, um desenvolvimento que é encorajado, que vai a reboque dos processos de aprendizagem.

Processo de aprendizagem: conceitos cotidianos e científicos

Ainda no que tange ao desenvolvimento e à relevância de um ensino sistematizado, Vigotski (2001) realizou estudos com o objetivo de verificar o curso do desenvolvimento infantil no processo de aprendizagem escolar e especificamente o desenvolvimento do conhecimento científico. A importância disso está no fato de ser esse o principal foco de trabalho dos professores em sala de aula: promover a apropriação de conceitos científicos.

Para o autor, a educação escolar é importante para o avanço dos conceitos espontâneos (do cotidiano) aos científicos. Ele considera o conceito científico um tipo de conhecimento espontâneo superior, que é desenvolvido a partir do ensino escolar e se apoia no espontâneo. Este, por sua vez, que é assimilado na vida cotidiana do indivíduo (já existe antes da entrada da criança na escola), limita-se a descrições simples da realidade empírica, é a base dos conceitos científicos e permite a formação de novos conceitos espontâneos.

Já no campo dos conceitos científicos, encontramos um nível mais elevado de pensamento que nos conceitos espontâneos. Aqueles são assimilados por meio da colaboração sistemática, organizada entre o professor e a criança, e apoiam-se em conceitos espontâneos já apropriados. Por outro lado, não são assimilados nem decorados pela criança, constituem-se por uma imensa tensão de toda a atividade do seu próprio pensamento. Além disso, "os conceitos científicos são os portões através dos quais a tomada de consciência penetra no reino dos conceitos infantis" (Vigotski, 2001: 295).

Desse modo, o desenvolvimento do conceito científico começa justamente pelo que ainda não foi plenamente desenvolvido nos conceitos espontâneos, num caminho que vai do abstrato ao concreto. Inicia-se pelo trabalho com o próprio conceito como tal, pela definição verbal do conceito, por operações que pressupõem a aplicação não espontânea desse conceito.

Assim, a questão dos conceitos científicos tem relação direta com o ensino e o desenvolvimento em que os conceitos espontâneos, por meio da aprendizagem, tornam possíveis o surgimento e, ao mesmo tempo, o seu desenvolvimento, na medida em que o ensino proporciona à criança a apropriação dos conhecimentos científicos produzidos ao longo da história pelo homem, influenciando no aparecimento da consciência e do pensamento teórico. A consciência reflexiva chega à criança através dos conhecimentos científicos.

Nesse sentido, é importante que a criança esteja envolta de oportunidades de aprendizagens pautadas num ensino-sistematizado (de qualidade) que seja promotor do seu desenvolvimento. No que tange à qualidade do ensino disponibilizado em nossa sociedade em geral, Saviani (2005) salienta a importância de se fazer uma leitura crítica da educação, de maneira a se ter claros os elementos culturais que necessitam ser assimilados pelos indivíduos para a sua humanização, bem como as formas mais adequadas para se concretizar esse objetivo, para propiciar o trabalho pedagógico, ou seja, os conteúdos, os procedimentos, enfim, os meios que facilitarão esse processo.

Os conteúdos trabalhados pelos educadores criam novas estruturas mentais. Assim, o que se espera da escola e dos seus profissionais é que propiciem aprendizagens que sejam fontes de desenvolvimento de conceitos científicos, haja vista que o momento da escolaridade constitui-se em fator essencial e determinante do desenvolvimento intelectual da criança (Vigotski, 2001).

A aprendizagem promove o desenvolvimento e a apropriação de conhecimentos científicos, o que nos leva a compreender que o aluno passa a ser capaz de conhecer melhor a realidade da qual faz parte, de maneira a se relacionar com a sociedade, agindo nela e transformando-a. Com isso, deve-se estudar o desenvolvimento da criança sem isolá-lo do processo educativo, considerando-se a influência que a educação exerce sobre esse processo, por reestruturar as funções do comportamento em toda a sua extensão.

A Psicologia Educacional e o conhecimento científico

Diante do que discutimos até aqui, é fundamental que a Psicologia Educacional interaja com tais questões, com a realização de estudos a respeito das possibilidades de a criança desenvolver-se intelectual e socialmente, num contínuo crescimento de suas potencialidades de aprendizagem e desenvolvimento, por meio da colaboração do educador e de atividades conjuntas com ele. Além disso, numa visão crítica de Psicologia e Educação, devem ser conduzidos estudos que compreendam o homem para além de sua pura descrição, reduzido a características constatáveis na média dos indivíduos.

Dentro desse âmbito, a Psicologia Histórico-Cultural, amparada por seus teóricos, desenvolveu os estudos e teses supramencionados, considerados por seus teóricos fundamentais para a compreensão da transformação das atividades elementares da criança em atividades complexas, da formação e do desenvolvimento de seu psiquismo e da transformação da criança em um adulto cultural. Sem deixar de levar em conta, é claro, que no estudo e na análise desse desenvolvimento deve ser considerado que ele é condicionado por múltiplos determinantes, os quais são estabelecidos por fatores econômicos, sociais e culturais, presentes em um determinado momento histórico e social.

Na perspectiva discutida, a meta a ser alcançada pela educação escolar é a de que o aluno se aproprie dos recursos da cultura, do que foi constituído ao longo das gerações, através de sua interação, da mediação com uma criança mais experiente, com o educador, em atividades conjuntas definidas pela cultura, numa construção de significados.

Nota

[1] Nas leituras realizadas foi possível perceber que *Vigotski* é grafado de diferentes formas. Então adotaremos essa grafia, salvo em caso de referência e citação.

WALLON: DESENVOLVIMENTO INTEGRAL E APRENDIZAGEM

> "A verdade não aparece, pois, desde o princípio: ela se faz; mas em cada momento ela é tudo o que pode ser. Não é mais noção absoluta, imóvel; é preciso considerá-la em sua evolução."
> *Wallon*

Henri Paul Hyacinthe Wallon (1879-1962), nascido na França, graduou-se em Medicina, Filosofia e Psicologia, aliando a vida acadêmica à política através de uma forte produção intelectual, influenciado por seu avô, um político francês de destaque.

Academicamente, migrou da Psiquiatria para a Psicologia e, daí, para uma Pedagogia politicamente comprometida (Dantas, 1990). Ao buscar compreender o psiquismo humano, destacou-se por oferecer uma nova maneira de pensar o homem, dedicando sua atenção à criança por acreditar que através dela é possível ter acesso à gênese dos processos psíquicos. Conduziu seus estudos com foco na inteligência e no desenvolvimento infantil integral, nas dimensões afetivas, cognitivas e motoras, tecendo críticas às concepções que reduzem a uma dessas dimensões o desenvolvimento humano.

Sua teoria representou uma revolução no ensino da época (primeira metade do século XX), pois defendia que a escola deveria promover uma formação integral do aluno, ou seja, uma formação afetiva, intelectual e social. Destacou-se por enfatizar a importância das emoções no trabalho educativo, então raramente consideradas no processo educacional.

Em suas formulações teóricas, utilizou o materialismo dialético como fundamento filosófico e como método de análise, buscando compreender o real numa perspectiva multifacetada e dinâmica, em suas permanentes mudanças e transformações.

Propôs na França, na década de 1940, mudanças estruturais para o sistema educacional, coordenando o projeto Langevin-Wallon, que compreendia um conjunto de diretrizes e bases do ensino. Em 1944 foi nomeado Secretário da Educação Nacional da França, atuando como presidente da comissão de reforma educacional do seu país entre 1945 e 1946, presidindo até sua morte o movimento francês da Escola Nova, que criticava o ensino tradicional.

Wallon: teoria e interfaces

A construção teórica de Wallon busca conhecer o adulto por meio da criança, através de uma perspectiva psicogenética, sugerindo que o estudo do desenvolvimento infantil adote a criança como ponto de arranque, na medida em que a compreensão de um adulto implica conhecer a criança, ou seja, compreender uma função psíquica é conhecer-lhe a gênese (Dantas, 1990). Ampara-se na Psicologia genética, portanto, para entender as origens dos processos psíquicos, sendo o psiquismo compreendido desde suas raízes orgânicas e situado dentro de suas determinações socioculturais.

Defende ainda que, ao realizar estudos que buscam a compreensão do homem, devem-se resgatar conhecimentos de outras áreas como a antropologia, a psicopatologia, a neurologia etc., viabilizando a apreensão da pessoa por completo. Nomeia a observação da criança como instrumento fundamental na construção de sua teoria, pois, para ele, a sua compreensão só é possível na medida em que a considera no ambiente em que se constitui. O seu método envolve, portanto, o estudo das condições materiais do desenvolvimento da criança, no que tange às condições orgânicas e às exigências sociais que promovem o desenvolvimento do psiquismo.

Ao estudar as contribuições de Wallon, Merani (1977) destaca que ele representou a possibilidade de um novo olhar para a Psicologia, de maneira a não desvincular teoria e prática, em que esta última estaria fundamentalmente aplicada à Pedagogia. Sua abordagem revela a necessidade de considerar a pessoa como um todo. A partir disso, fundamentou suas ideias em quatro elementos básicos que se comunicam o tempo todo: a afetividade, o movimento (dimensão motora), a inteligência (dimensão cognitiva) e a formação do eu como pessoa.

Afetividade e inteligência

Wallon (1971) aponta o organismo humano como uma primeira condição do pensamento, haja vista que toda função psíquica necessita de um equipamento orgânico. No entanto, o objeto mental vem do exterior, e, deste modo, a existência e desenvolvimento do homem se dá entre as exigências do organismo e do mundo externo. Ao estudar o homem e o seu psiquismo, tais fatores devem ser considerados, assim como a sua interdependência. Alerta, ademais, que a formação de funções psicológicas superiores mais complexas, como a inteligência, o pensamento, dependem "das condições oferecidas pelo meio e do grau de apropriação que o sujeito fizer delas" (Galvão, 2000: 41).

Na concepção de Wallon, o desenvolvimento do pensamento infantil é marcado por descontinuidade, crises e conflitos – é dialético. Envolve mudanças que se dão por saltos, provocando reestruturações do comportamento, sobre as quais interferem um fator biológico (maturação do sistema nervoso, com novas possibilidades fisiológicas) e outro social (com o arranjo de novas possibilidades por meio dos estímulos e situações novas). Do conflito entre esses dois aspectos, desencadeia-se a formação do pensamento e da inteligência. Assim: "O pensamento não é elaborado unicamente por uma porção de massa cerebral, nem tão pouco por uma função social separada" (Merani, 1977: 87).

O postulado de Wallon, no que tange ao desenvolvimento da inteligência, surge como critica ao de Piaget, pois a inteligência, para ele, surge depois da afetividade, de dentro dela e conflitando com ela, pensamento que talvez nos explique porque os alunos aprendem mais quando "gostam" do professor. Por isso, nutrir a inteligência incorre em primeiro alimentar a afetividade, não aceitando a possibilidade de haver um ponto terminal para a inteligência, haja vista que os processos mentais superiores são indeterminados (Dantas, 1990).

Enfim, as dimensões afetiva e cognitiva não se separam, mas constituem-se mutuamente, presentes nas diferentes atividades desenvolvidas. Uma leitura de um livro de história, por exemplo, pode ampliar o conhecimento e/ou ainda mobilizar a subjetividade, na medida em que a criança se identifica com personagens, fatos, transpondo sua afetividade.

Dantas (1992: 86), apoiada em Wallon, explica que "O psiquismo é uma síntese entre o orgânico e o social". Esclarece ainda que a afetividade é a fase de desenvolvimento considerada mais arcaica, pois ao desprender-se do orgânico o homem tornou-se um ser afetivo e com isso caminhou lentamente diferenciando-se para uma vida racional. E durante todo o desenvolvimento da pessoa ocorrem momentos em que predomina o afetivo, em outros, o cognitivo, ainda que de maneira integrada.

Afetividade e inteligência caminhando juntas podem levar a situações de dificuldade na aprendizagem escolar, a comprometimentos afetivos que podem estar perturbando o funcionamento cognitivo, exigindo assim, que o afetivo seja trabalhado, numa oportunidade à sua expressão.

Na concepção de Wallon (1968), a afetividade é vista como uma linguagem antes da linguagem, pois o ser humano se comunica com o outro desde sempre; é, pois, geneticamente social.

Estágios de desenvolvimento

O desenvolvimento se dá por etapas que se diferenciam por suas características, sendo que, em sua sucessão "ordenada", cada uma constitui preparação para as que se seguem e todas apresentam tipos particulares de interações entre a criança e seu ambiente. Essa perspectiva de desenvolvimento, de acordo com Galvão (2000), em interação e mútua influência com o meio, com a cultura, estampa dinamicidade, descontinuidades, rupturas, relativismos que são característicos do processo de desenvolvimento. Resulta, ainda, que cada estágio apresenta idades e durações variáveis e relativas, em razão das características individuais e das condições de existência. O que predomina é a busca pela identidade própria e o caminhar para o mundo adulto.

Estágio impulsivo-emocional (0 a 1 ano)

Nessa fase, os bebês, inicialmente (até mais ou menos 3 meses), realizam movimentos reflexos, involuntários, impulsivos e gradativamente passam a responder com afetividade às pessoas (pais) e, estas, por uma inabilidade da criança, intermedeiam as suas relações com a realidade exterior. A partir desta mediação, o bebê passa a manifestar-se através dos gestos que dirige às pessoas (sorri, por exemplo, aos 3 meses). A afetividade fornece o primeiro e mais forte vínculo entre os indivíduos, realiza a transição entre o estado orgânico e a sua etapa cognitiva, que é atingida por meio da mediação social (Dantas, 1992).

Em sua perspectiva psicogenética, Wallon esclarece que a missão inicial da emoção é produzir um efeito mobilizador na mãe, da qual necessita e depende por muito tempo para sobreviver. É por meio da expressividade emotiva que a criança se faz atender em suas necessidades. Desse modo, a comunicação infantil é emocional e primitiva, e esta permitirá à criança o contato com o mundo da cultura humana, possibilitando-lhe o acesso ao universo das representações coletivas e gradativamente ao produto da acumulação histórica (Dantas, 1990).

Até por volta de 1 ano a criança está vivenciando ao máximo sua sociabilidade, sendo totalmente dependente do contato com o outro para sobreviver. Nesse período, o interesse e o contato com objetos se dão à medida que estes lhes são apresentados pelo adulto. Com o desenvolvimento e a possibilidade de a criança exercer uma ação direta sobre as coisas, ela se "dessocializa", numa individuação crescente. A apropriação da cultura se dá essencialmente pela comunicação humana, daí a importância desta última estar presente desde o início do desenvolvimento, através do elo com as pessoas.

Estágio sensório-motor e projetivo (até os 3 anos)

Esse estágio caracteriza-se pela exploração dos objetos e dos espaços físicos, que ganha maior ampliação e autonomia com a aquisição da preensão e da marcha. A partir daqui a criança se torna um ser com caráter cognitivo, ocupado com o conhecimento perceptivo e motor do mundo. Desse modo, "o ato mental projeta-se em atos motores" (Galvão, 2000: 44), haja vista que o pensamento recorre ao ato motor para se materializar. A afetividade impulsiva se fortalece pelo contato físico e se expressa pelos gestos. O ato motor lentamente diminui, dando lugar ao ato mental, e o pensamento é impulsionado pela fala.

O aparecimento da linguagem rompe com o motor, representa um salto qualitativo no desenvolvimento, interioriza as condutas sensório-motoras e desorganiza-as. Em suma, a vida mental, para Wallon, "se nutre da inibição da vida sensório-motora, e não da sua estimulação" (Dantas, 1990: 14).

Estágio do personalismo (3 a 6 anos)

Nesse período, a criança depara-se com o conflito que envolve o anseio por autonomia e, por outro lado, o vínculo fortalecido com a sua família. A tarefa principal é o processo de formação da personalidade, constitui para isso a consciência de si nas suas relações com o outro e, para tanto, nega o adulto. O pensamento está voltado quase que exclusivamente para si mesmo (Wallon, 1971).

Com a entrada da criança na escola, há certo desprendimento da vinculação familiar e ao mesmo tempo um caminhar em sua autonomia, já que neste ambiente gradativamente surge a necessidade de que ela, por si só, realize escolhas – de atividades, de jogos, de livros, de amigos, de brincadeiras –, que se coloque, concordando, discordando, enfim, tem (ou deveria ter) a oportunidade diferenciada de vivenciar uma gama de situações sociais que a impelem para o conflito. Ao mesmo tempo em que caminha para a autonomia, também imita com frequência o outro, como uma forma de inserção social. A criança imita os que a rodeia, quem lhe desperta sua admiração como pais, irmãos, professores etc.

A afetividade passa a ocorrer num plano mais simbólico, manifestando-se através de palavras e ideias, incorporando os recursos intelectuais.

Depois dos 5 anos, de acordo com Wallon (1968), a criança vai transpondo, ainda que lentamente, seus interesses do eu para as coisas. Nesse aspecto, a escola tem como tarefa colaborar para retirar a criança de si, de suas ocupações, de seus interesses espontâneos e conduzi-la por atividades novas, exigindo dela mobilizações que a levem a ser reforçada positivamente. "É possível subtrair a criança às suas ocupações espontâneas para fazer com que se entregue a outras" (1968: 93). As disciplinas da escola exigem um correspondente poder de autodisciplina. A criança pode oscilar aqui entre uma grande compenetração na atividade e contraditoriamente distrair-se com objetos e situações "insignificantes".

Estágio categorial (7 a 12 ou 14 anos)

Com a diferenciação simbólica da personalidade, a inteligência avança no seu desenvolvimento e a criança a utiliza cada vez mais com a manifestação de interesse na exploração, no conhecimento e nas suas relações com os objetos e com o meio. Nesse momento, procura diferenciar o eu do não eu, o que é do seu ponto de vista do que é do outro. O gosto que manifesta pelas pessoas e coisas tem relação com as possibilidades e o poder em transformá-las, em manejá-las. "Assim, explora os pormenores das coisas, as suas relações, as suas diversas origens" (Wallon, 1968: 232).

Estágio da adolescência

Há um processo de quebra no equilíbrio afetivo, com a busca do adolescente por uma nova definição da personalidade, que é influenciada pelas modificações corporais advindas das ações hormonais. Almeja compreender suas inquietações, sua sexualidade, seus desejos, enfim, a sua identidade de fato. Ao conhecer essas necessidades de busca de identidade, própria do adolescente, rumo ao mundo adulto, educadores e pais podem colaborar na medida em que estabelecem diálogos e limites, proporcionando-lhe a escuta, o apoio.

Enquanto a criança exercia a imitação constante do adulto, o adolescente demonstra o desejo de distinguir-se dele, numa busca por mudança, por sua transformação. Como a afetividade torna-se cada vez mais racionalizada, é possível que os adolescentes gradativamente teorizem sobre suas relações afetivas.

A passagem de um estágio a outro não é linear nem tampouco constitui-se numa ampliação do anterior. Ao contrário, há todo um processo de reformulação, que pode envolver a formação de conflitos, crises, interferindo no comportamento. De acordo com Wallon (1968), as exigências impostas pelas situações vivenciadas deixam funções mais elementares para trás, sendo controladas por outras mais amadurecidas, ou seja, há uma integração das condutas mais antigas pelas mais recentes (integração funcional).

No desenvolvimento desses estágios, com os conflitos que os constituem e na superação dos mesmos pela criança e pelo adolescente, a escola, os educadores, podem contribuir significativamente, com condutas que viabilizem os limites e apoios necessários para enfrentá-los, ao contrário de acirrá-los.

Relação professor-aluno

Para uma compreensão plausível do que ocorre em sala de aula, das aprendizagens e das relações ali produzidas, a unidade aluno-professor não pode ser destituída, nem se pode desconsiderar a situação da qual os mesmos fazem parte. Então, compreender e avaliar o comportamento e o aprendizado no cotidiano escolar remete-nos a analisar a relação professor-aluno-situação em sua totalidade (Mahoney, 2003).

Tal indicação se fundamenta na defesa de Wallon de que o indivíduo constitui-se nas suas interações com o meio; daí a necessidade de estudar os comportamentos, as dificuldades dos alunos de maneira contextualizada, ou seja, no conjunto de relações estabelecidas entre eles e seu ambiente. Desse modo, conhecer o professor e/ou o aluno é uma tarefa que fica deficitária quando é excluído o meio social e cultural no qual estão inseridos.

Outro fator a ser considerado quando se quer conhecer o aluno e o professor é a necessidade de colocar-se em seus lugares, voltar-se para seus anseios, dificuldades, possibilidades, limites, que ficam mais claros quando nos alicerçamos em suas diferentes fases de desenvolvimento.

Wallon (1968) afirma que na relação de sala de aula com o educador, o aluno tem a possibilidade de desenvolver-se como um todo, nos seus conjuntos cognitivo, motor e afetivo. Não exclui, no entanto, dessa consideração que o professor também passe por esse processo, ou seja, ao organizar suas atividades a fim de proporcionar as mudanças dos alunos nos aspectos referidos, também pode ter atingido o seu desenvolvimento nos seus conjuntos.

Ressalta a importância de estar atento, na relação professor-aluno, sobre a distinção entre emoção e afetividade, sendo ambas presença constante no cotidiano escolar. A afetividade refere-se a um conceito mais amplo, que engloba a emoção (componente orgânico e motor – posturas que indicam o nível de tensão e relaxamento, corporal, plástico), sentimentos (componente cognitivo e representacional) e a comunicação (componente expressivo).

A emoção tem o papel de dar "pistas" sobre o aluno. As expressões de seu corpo, suas ações, sua fala, sua postura revelam seu posicionamento diante das exigências colocadas pelo professor, pela rotina escolar; podendo o aluno demonstrar que está com medo, feliz, satisfeito, com raiva, tranquilo, preocupado etc.; são conhecidos, com isso, seus estados mais íntimos-afetivos. Para Dantas (1990: 29), "a ótica walloniana constrói uma criança corpórea, concreta, cuja eficiência postural, tonicidade muscular, qualidade expressiva e plástica dos gestos informam sobre os seus estados íntimos".

Lembramos que o professor é também possuidor de afetos, medos, inseguranças, alegrias, desejos, tranquilidade, apreço por conhecer, por transformar-se, sendo que estas características podem contagiar os alunos (contágio da emoção). Desse modo, ele é vislumbrado como uma pessoa completa, com cognição, afeto, e em constante transformação. É o mediador da cultura e das aptidões propiciadas por ela e, ao mesmo tempo, indispensável para o desenvolvimento do aluno.

É fundamental que o professor entenda, sob esta perspectiva teórica, que o tempo em que o aluno permanece na atividade é secundário em relação ao modo como o trabalho pedagógico é organizado e aplicado. Dessa forma, o educador deveria evitar posturas autoritárias, como exigir a permanência do aluno por todo tempo sentado, evitando com isso, conflitos muitas vezes desnecessários. O movimento é importante e revela a própria atividade do pensamento.

Sobre as exigências posturais colocadas na escola, Galvão (2000), seguindo os preceitos wallonianos, indica que não há uma única postura, ou uma postura-padrão que possa garantir a atenção e/ou resultar no aprendizado. Podem, ao contrário, as mudanças posturais colaborarem para a manutenção da atenção na atividade realizada, pois os movimentos e as posturas corporais adequados, assim o são em conformidade à atividade, ao tipo de estímulo presente e ainda à "visão de disciplina" que fundamenta o trabalho pedagógico.

As atividades em grupo, além dos momentos de intimidade do aluno (ficar sozinho), são primordiais, com a possibilidade do exercício de diferentes papéis, daí a necessidade de o professor formar grupos dirigidos e espontâneos, desenvolvendo a solidariedade e a cooperação, considerando o ser humano (aluno, professor) numa perspectiva integrada, como uma pessoa completa e concreta, inserida numa cultura e numa sociedade dadas.

Papel da escola

É impossível pensar a criança fora da sociedade, haja vista que é dela que advêm as suas determinações. Uma compreensão da criança, portanto, envolve o conhecimento da sua relação com o seu meio, das diversas possibilidades de influência às quais está suscetível (família, escola, outras instituições sociais). Nesse aspecto, a escola é considerada um importante recurso no desenvolvimento da criança, na medida em que a entrada na mesma representa um grande momento na sua vida, passando a ser o centro de suas relações, rotinas, aprendizagens, perpassando todo o seu cotidiano, de maneira a influir sobre a sua personalidade.

Para Mahoney, a escola deve ser a expressão concreta da unidade adulto-criança-sociedade. E nessa perspectiva, cabe-lhe buscar o "ponto de equilíbrio entre o atendimento das necessidades do desenvolvimento da criança e o atendimento das necessidades do desenvolvimento da sociedade, sem perder de vista que sua maior solidariedade é com a criança" (2003: 11), considerando-a como um ser concreto, um ser biopsicológico, produto das condições materiais e sociais provenientes da sociedade em que vive.

A vivência da criança na escola impõe-lhe ajustamentos, desenvolvimento. Se pensarmos no cotidiano escolar, veremos que constantemente exige-se que ela aprenda a controlar sua memória, sua atenção, sua abstração na apreensão de novos conhecimentos, na sua adequação ao ritmo, aos horários e atividades da instituição.

Além disso, o mundo escolar pode oferecer uma ampliação na variabilidade das relações até então estabelecidas – mais circunscritas ao ambiente familiar. "Daí a importância de a escola permitir e estimular a organização de grupos que expressem interesses diferentes e exijam aptidões diferentes" (Mahoney, 2003: 11), com a possibilidade da expressão das individualidades presentes no grupo, e assim protagonizar a convivência no grupo, sem perder de vista, no entanto, a referência ao individual.

O papel da escola não se limita à instrução, mas envolve o desenvolvimento da personalidade como um todo, o que exige que se questione até que ponto as atividades propostas por ela colaboram para esse desenvolvimento.

Projeto Langevin-Wallon

Em 1947, após a Segunda Guerra, Wallon foi protagonista do projeto elaborado para uma reforma no sistema educacional francês. Reforma que almejava adequar os sistemas educacionais à viabilização de uma sociedade justa e democrática, voltada ao favorecimento do desenvolvimento das aptidões individuais e da formação do cidadão. Ainda que tenha sido muito difundido e reconhecido como um importante projeto, não chegou a ser implantado totalmente (Galvão, 2000).

Seu projeto define o ensino em dois graus e três ciclos:

Graus	Idades	Ciclos
1º Grau	**3 anos** - escola maternal **6 a 11 anos** - programa único para todos	Ensino Comum (1º ciclo)
	11 a 15 anos - ensino comum e, além disso, opções ao aluno de conhecimentos literários, científicos, técnicos e estéticos, que podem revelar gradativamente as suas aptidões, capacidades e necessidades em relação ao grupo.	Opções (2º ciclo) Conclusão do Ensino Comum
	15 a 18 anos - a partir das aptidões encaminhar para seção teórica (humanidades clássicas, modernas e ciências puras); seção profissional (escolas profissionais, comércio, artística, indústria agrícola) e seção prática (trabalhos manuais)	Determinação (3º ciclo) A inteligência se desenvolve especializando-se Propõe aqui um pré-salário (espécie de bolsa) aos estudantes
2º Grau Sugere um salário neste período aos estudantes		Pré-universitário
		Licenciatura
		Especialização

O ensino deveria ser gratuito para todos, nos dois graus, e obrigatório dos 6 aos 18 anos. E oferecer a todos os alunos condições para "o seu desenvolvimento intelectual, estético, moral, de acordo com suas aptidões e só estas podem ser seus limites" (Mahoney, 2003: 14).

Deveriam, ainda, ser atendidas ao mesmo tempo as necessidades sociais e as aptidões individuais, ou seja, quando se emprega adequadamente as competências do indivíduo, este e a sociedade beneficiam-se e, se houver uma melhor distribuição das tarefas sociais, esta refletirá sobre a realização individual e ao mesmo tempo sobre o coletivo. O projeto também previa a existência da orientação vocacional (com profissional especializado), pois toda aptidão deveria ser orientada em harmonia com as funções que poderiam ser exercidas futuramente.

A educação e a teoria de Wallon

Ao estudar a Psicologia e aprofundar seus estudos sobre o processo de desenvolvimento infantil, Wallon proporciona à Pedagogia um instrumento importante para o aperfeiçoamento da prática pedagógica (Galvão, 2000). E postula a revisão do dilema presente nas discussões dos sistemas de ensino entre o autoritarismo dos métodos tradicionais e o espontaneísmo da Escola Nova, que propõe o ensino de acordo com o interesse da criança, podendo anular a demanda do ensino sistematizado e da intervenção do professor. Urge, portanto, a necessidade de um raciocínio dialético, que compreenda as complexas relações em que mutuamente se determinam indivíduo e sociedade.

Para ele não basta discutir as questões de cunho pedagógico-metodológico do ensino, é preciso que sejam refletidas e consideradas as dimensões sociais, políticas envolvidas no papel da escola. Com isso, numa crítica ao sistema de ensino francês, propõe mudanças profundas, as quais possam levar ao rompimento com a perversa seletividade existente, a exemplo das sugeridas pelo Projeto Langevin-Wallon.

A educação é recurso essencial para a apropriação da cultura, tão fundamental para o desenvolvimento no período da infância. Para Wallon, o desenvolvimento intelectual e a aquisição de conhecimento caminham juntos e, por isso, os conteúdos escolares passam a ter grande representatividade, influindo diretamente no resultado daquele.

Merani destaca que a proposição de Wallon, de que o desenvolvimento do indivíduo não se dá por um processo linear, ininterrupto, progressivo, exige uma revisão da organização do ensino realizado contrariamente a essas características do indivíduo. Fica, então, a questão de como a educação oferecida pode ser adequada se ela se organiza por períodos progressivos, se tem sua medida enquadrada em anos? Aliada a isso, tem-se uma Pedagogia orientada "para um modelo de homem que se repetiria indefinidamente na História, mas não para um ser cuja característica é a autoconstrução" (1977: 92).

Em síntese, a importância da escola não se reflete apenas nos conteúdos escolares, mas também nas interações sociais proporcionadas, que desempenham papel de grande significância na formação da personalidade do estudante.

Rogers: humanismo e aprendizagem

> "A aprendizagem socialmente mais útil, no mundo moderno, é a do próprio processo de aprendizagem, uma continuada abertura à experiência e à incorporação, dentro de si mesmo, do processo de mudança."
>
> *Rogers*

A Psicologia Humanista, ao tratar da relação do homem com a educação, alcança repercussão e reconhecimento a partir dos anos de 1950 nos Estados Unidos, tendo como pioneiros Abraham Maslow (1908-1970), Gardner Murphy (1895-1978), Gordon Allport (1887-1967) e Carl Rogers (1902-1987).

Constitui-se num movimento que ficou conhecido como a terceira força em Psicologia (Buys, 2007) por representar uma alternativa a duas outras teorias, de cunho mais determinista,[1] muito em voga na época: o behaviorismo de John Watson (1878-1958) e Burrhus Skinner (1904-1990), que entendia ser o homem determinado em seu comportamento pelos estímulos ambientais, e a Psicanálise de Sigmund Freud (1856-1939), afirmando que o inconsciente influencia determinantemente o indivíduo no seu modo de ser no mundo, numa negação do livre-arbítrio.

De acordo com os pressupostos do humanismo, o homem não está determinado pela situação imediata ou pela experiência passada; por nenhuma condição (cultural, histórica, natural etc.), pois tem sua capacidade de autonomia, de sobrepor-se a determinações de qualquer natureza, tem o poder de escolher um ato ou não, independentemente das forças que o constrangem.

Dentre os principais autores da Psicologia Humanista, centraremos nossa análise em Carl Rogers, que defendeu a possibilidade de autorrealização do homem, sua condição de liberdade e de independência no que tange às determinações e à necessidade de levar em conta a sua experiência subjetiva no processo de ensino-aprendizagem.

Carl Ransom Rogers: liberdade para aprender

Carl Rogers (1902-1987) nasceu em Chicago, nos Estados Unidos. Teve uma educação religiosa e moral rígida, concomitante a uma infância solitária e de muitas leituras. Formou-se em Psicologia e, após concluir seus estudos, dedicou-se à psicoterapia[2] e ao aconselhamento, trabalhando por muitos anos com crianças em situação de vulnerabilidade. Tornou-se amplamente reconhecido como criador da terapia centrada no cliente e por fazer desse trabalho clínico uma investigação.

Como um dos mais importantes teóricos humanistas, teve o mérito de conseguir colocar em discussão a problemática das relações interpessoais. E tornou-se o primeiro psicólogo americano a receber os dois maiores prêmios da Associação Americana de Psicologia e, em 18 de janeiro de 1987, foi indicado para receber o prêmio Nobel da Paz, mas faleceu em 4 de fevereiro desse mesmo ano.

Para Rogers, o que é válido em psicoterapia também pode ser aplicado à educação, ponto de vista que expôs em numerosas produções, destacando-se *Liberdade para aprender*, de 1969, e *Liberdade para aprender em nossa época*, de 1983, defendendo uma perspectiva de ensino centrado no aluno.

O HOMEM E SUA TENDÊNCIA PARA A REALIZAÇÃO

Segundo Rogers, tendemos para a manutenção da vida e, nesta, a realidade biológica tem seu destaque, haja vista que é a partir da concretização de nossas necessidades básicas que nos mantemos vivos. Além disso, um motivo mais vasto nos direciona, ou seja, somos providos com a *tendência para a realização*, que se constitui num impulso inato que revela o desejo de crescer, de melhorar as próprias competências, de desenvolver-se, de atingir o potencial pleno.

Embora esse impulso à autorrealização seja inato, ele pode ser ajudado, ou, por outro lado, prejudicado pelas experiências obtidas (Rogers, 1982). É em razão dessa tendência/impulso que somos lançados a novos desafios, que ousamos mudar, que buscamos alternativas para as situações-problema vivenciadas; que somos estimulados à criatividade, a novas aprendizagens e habilidades; que somos motivados a buscar um crescimento saudável, nos mais diversos aspectos vitais.

A tendência para a realização propicia o nosso desenvolvimento, quando somos lançados a explorar o mundo ao nosso redor, a desvendar os objetos, a expressar nossos sentimentos, a engatinhar quando bebês, a caminhar numa busca constante para suprir nossas necessidades. Essa tendência, portanto, nos impulsiona a manter contato e interação com o outro e a conduzir nossos comportamentos por caminhos que permitem o crescimento, a felicidade.

Desse modo, o caminho que seguimos em nossa vida tem relação com as percepções (influenciadas por nossas necessidades e expectativas) que temos dela, o que pode não representar a realidade externa em si. Podemos dizer que o modo como cada um de nós vê o mundo interfere no modo como interagimos uns com os outros. Interação essa que pode revelar as diferentes maneiras de se perceber uma mesma situação e gerar conflitos pela dificuldade de nos posicionarmos na perspectiva do outro. Em suma, Rogers afirma que a possibilidade de "ver" a partir do "olhar" do outro, a capacidade de entender as percepções e sentimentos de outra pessoa, que ele denomina *empatia*, impulsiona nosso *crescimento saudável*.

Desenvolvimento: em busca de sua plenitude

Na concepção de Rogers, em nosso desenvolvimento, a princípio, somos providos de certa harmonia, de um equilíbrio interno, e à medida que cresce nossa experiência de vida, essa harmonia, essa *congruência* pode se desestabilizar. Diante disso, o importante é a possibilidade de a pessoa desenvolver-se de maneira a manter esse senso de congruência, resultando no seu crescimento saudável, numa avaliação de suas experiências, de seus padrões internos, fundamentados na tendência para a realização. E nesse processo de crescimento, destacam-se o cognitivo e o experiencial como principais influências (Glassman e Hadad, 2006).

O desenvolvimento saudável é o desenvolvimento pleno, compreendido mais como um processo contínuo, que segue por toda a vida, do que como um ponto final e estático, como uma sucessão de estágios específicos.

Glassman e Hadad (2006) explicam que Rogers expõe algumas condições para a tendência do homem ao crescimento saudável (impedidas apenas pelos fatores externos negativos), que são a *aceitação incondicional, a abertura* e *a empatia*.

A *aceitação incondicional* envolve a aceitação de que qualquer pessoa tem um valor, e aceitá-lo abarca não fazer menção ao que ela faz ou não faz; é aceitá-la sem impor condições sobre suas condutas. A *abertura* configura-se como a possibilidade de a pessoa colocar-se, expressar-se livremente, sem deixar de respeitar e considerar a outra pessoa. Já a *empatia* compreende a possibilidade de (tentar) colocar-se no lugar do outro. Tais fatores tendem a estar interligados e ajudam a pessoa a viver de acordo com o seu potencial.

As pessoas que alcançam seu funcionamento pleno fazem-no por apresentarem uma abertura a toda e qualquer experiência, uma capacidade de se deixar ser guiados pelos próprios instintos, e não pela razão ou por opiniões de outros, assumindo um sentido de liberdade de pensamento e de ação. Ao fazer o que sente como certo, a pessoa teria um importante guia para o seu comportamento.

Em suma, o desenvolvimento saudável depende das condições existentes: se estas forem satisfeitas, a pessoa se direcionará ao seu desenvolvimento pleno, à congruência, vivendo a vida como um processo e não como uma série de objetivos a serem alcançados.

A tríade que favorece o crescimento humano saudável é também aplicada por Rogers (1978) à educação, destacando como condições fundamentais para a aprendizagem: ter empatia, aceitar incondicionalmente o aluno, ser autêntico.

Sobre a educação, o ensino e a aprendizagem

Já antes da década de 1960, Rogers via no sistema educacional convencional um momento de grande crise e, ao mesmo tempo, de desafios para caminhar adiante, produzindo mudanças a tempo de não sucumbir, destruir-se. E questionava o papel da educação nesse processo de mudança, na construção de um mundo mais digno, propondo uma *revolução* rumo a uma sociedade diferente, com seres humanos diferentes.

Considerava que o homem reconstrói em si o mundo exterior, em consonância com a sua autopercepção, que adiciona às experiências vivenciadas um significado. Ao significar, utiliza-se da consciência autônoma e interna, constituída na liberdade. Desse modo, acentuava a preservação e o crescimento – progressão da liberdade, como ponto central da educação. Uma *educação centrada na pessoa*, uma aprendizagem *autocentrada*.

Rogers (1986) tece críticas à educação tradicional, centrada no papel do professor enquanto possuidor do conhecimento, do poder e do domínio em sala de aula pela autoridade. Destaca que o aluno é visto como aquele que recebe, que obedece, sujeito a regras e imposições para trabalhar melhor, sendo mantido num estado de medo e, nesta perspectiva, não participa, não tem voz na escolha dos objetivos, no direcionamento das aulas; em suma, não é tomado em sua totalidade, apenas como um ser dotado de um intelecto.

Ao questionar esse tipo de educação *centrada no professor*, no ensino, propõe uma educação *centrada na pessoa do aluno* (ou ainda no professor enquanto aluno), tomando-o como ativo no processo de ensino-aprendizagem. A partir dessa nova Filosofia, ensinar compreende que se deve criar condições para que o outro, a partir dele próprio, aprenda e cresça, que seja *facilitada a aprendizagem*. O aluno é possuidor de forças de crescimento, tem a possibilidade de ser livre (mas com responsabilidade), digno de confiança e o professor está a seu serviço, possibilitando-lhe uma *autoaprendizagem*.

Segundo Justo (1973), esse novo enfoque educacional proposto por Rogers, já em 1952, foi tomado como uma heresia, sendo fortemente criticado por representar uma ameaça aos dogmas didáticos instituídos, ou seja, por renunciar a uma educação autoritária (diretiva) em prol de uma democrática (não diretiva) centrada no aluno.

Para melhor compreender seus pressupostos no que tange ao ensino e aprendizagem, destacamos as reflexões de Rogers (1982), engendradas a partir de sua experiência como *docente* e como *psicoterapeuta*.

Tais reflexões anunciam que *não se pode ensinar diretamente outra pessoa, o que se pode é facilitar sua aprendizagem*. Também não se pode ensinar a outra pessoa como ensinar (o professor deveria se perguntar como facilitar a aprendizagem e o crescimento pessoal do aluno).

Além desse pressuposto, o autor elenca outros princípios norteadores da aprendizagem, dentre os quais destacamos: só nos interessamos por aprendizagens de coisas que importam, que influenciam significativamente o nosso comportamento, ou seja, as que forem descobertas e autoapropriadas por nós; tais aprendizagens não podem ser comunicadas diretamente a outra pessoa; aprendemos em grupo, nas relações com o outro ou, ainda, conosco mesmo; a melhor maneira de aprender consiste no abandono de nossas atitudes defensivas e em tentar compreender como o outro encara e sente a sua própria experiência; é importante que possamos reconhecer nossas incertezas, procurando esclarecer os nossos enigmas, a fim de reconhecer o real significado que a experiência possa ter.

Nos estudos realizados por Rogers com grupos de ensino centrado no aluno, foi evidenciado que houve aquisições significativamente maiores, se comparadas com as dos grupos de ensino convencional, principalmente no que se refere "à adaptação pessoal, à aprendizagem extracurricular autoiniciada, à capacidade criadora e à responsabilidade pessoal" (1982: 270).

Facilitação da aprendizagem: qualidades essenciais

Para Rogers (1986), portanto, o objetivo do ensino deveria ser o de *facilitar a aprendizagem*, o que envolveria uma reflexão sobre o modo como professor e aluno se desenvolvem e aprendem a viver como indivíduos em processo. A *qualidade das atitudes* que existem nessa relação não se fundamenta, por exemplo, nos recursos audiovisuais que o professor utiliza por sua conta (sem o interesse do aluno), no planejamento curricular, em sua habilidade em transmitir conhecimento via palestras, em utilizar uma série de livros etc. Contudo, não se pode eximir o professor de seu papel informante *não diretivo* da atividade livre no processo de autoaprendizagem.

A utilização desses recursos e dessas habilidades não deixa de ser significativa. No entanto, o primordial é considerar que o educador, ao exercer seu papel de facilitador da aprendizagem, coloca em prática algumas *atitudes* consideradas básicas (ainda assim, as técnicas e as atitudes a seguir não se excluem, mas se complementam):

a) A *autenticidade do professor* significa ser ele próprio, colocar-se no processo, de modo que exista, durante a relação professor-aluno, uma real integração entre as suas experiências. Essa condição é considerada primordial, haja vista que se o professor não se aceita e não se compreende, terá também dificuldade em compreender e aceitar o aluno. Deve ainda ser congruente, ou seja, deve ser a pessoa que é e ter consciência das atitudes que assume. "O professor é uma pessoa, não a encarnação abstrata de uma exigência curricular ou um canal estéril através do qual o saber passa de geração em geração" (Rogers, 1982: 265).

b) A *aceitação* abrange o *apreço*, e expressa a necessidade de o professor/ facilitador apresentar *confiança* na capacidade humana, desenvolver um apreço incondicional pelo aluno, resultando numa relação de ajuda, num caminhar para a sua independência; aceitar o aluno tal como ele é, aceitar os seus sentimentos e entrar numa relação de empatia, dentre outras, com as suas reações de medo, que podem se manifestar numa situação de aprendizagem nova. A sala de aula passa a ter um clima de segurança.

c) *Compreensão empática* acarreta a possibilidade e a capacidade de o facilitador compreender internamente as reações de seus alunos, a partir do quadro de referência deles; eximindo-os do julgamento e da avaliação fundamentados na visão e perspectiva do educador. Toma a iniciativa de compartilhar com os seus alunos, seus sentimentos e ideias, sem, contudo, exigir nem impor-se, mas fazendo-o de modo a representar para os educandos uma alternativa que podem acolher ou recusar.

Além das condições anunciadas como facilitadoras da aprendizagem, consideradas como principais, Rogers (1978) acrescenta que o professor, em seu trabalho, colabora para elucidar os propósitos que têm sentido para cada um e os mais gerais do grupo. E também para organizar e disponibilizar os recursos para a *aprendizagem significativa*, e nisso ele é um *recurso flexível* a ser utilizado pelo grupo. Nesse processo, deve trabalhar de modo a reconhecer e aceitar suas limitações.

Destaca-se que a *congruência* é apontada pelo teórico como condição básica (não única), do ambiente facilitador, haja vista que ela fundamenta as demais condições – ser para poder ajudar a ser. Isso, contudo, não invalida ou desconsidera as demais condições apontadas anteriormente.

Para um ensino centrado no aluno, Rogers propõe a técnica *não diretiva*, em que o educador se limita a facilitar a comunicação da pessoa consigo mesma para que ela se autodirija. Deve-se partir da motivação intrínseca do aluno para aprender e, assim, verificar os assuntos de seu interesse. E se o aluno não se motivar, não se interessar por estudar? Nesse caso, o professor deverá realizar algum tipo de atividade que desperte a motivação existente, que facilite a consciência da incongruência de seu aluno (Puente, 1978).

Em suma, quando o educador confia na convergência construtiva do grupo, quando cria em sala de aula um clima caracterizado por tudo o que ele dá conta de conseguir de autenticidade, aceitação e empatia, está então diante de uma *revolução educacional*; de uma aprendizagem qualitativamente diferente, que se transforma em vida, num processo dinâmico. "O estudante acha-se a caminho, às vezes excitadamente, às vezes relutantemente, de tornar-se um ser em mudança, de aprender" (Rogers, 1986: 135).

APRENDIZAGEM COM SIGNIFICADO: UM ENVOLVIMENTO PESSOAL

De acordo com Rogers, o ensino deve fazer sentido para o aluno, deve ter significação pessoal, do contrário, "tal aprendizagem lida apenas com o cérebro. Só se coloca 'do pescoço para cima'. Não envolve sentimentos ou significados pessoais; não tem a mínima relevância para a pessoa como um todo" (1978: 20).

Uma aprendizagem, quando realizada de modo significativo para o estudante (envolvendo o seu *pensar e o sentir*), dificilmente será esquecida. Isso é o que Rogers define por *aprendizagem significativa ou experiencial*, que ocorre quando o aluno percebe o conteúdo como importante para seus próprios objetivos. Quando a aprendizagem é iniciada pelo aluno e abrange toda a sua pessoa, no que se refere a sentimento e intelecto, ela se mostra mais duradoura.

Cabe ao aluno envolver-se no processo de aprender sensível e cognitivamente, pois a necessidade de fazê-lo vem, *a priori*, dele (*autoiniciada*). Outro ponto que contribui para a aprendizagem significativa é a mudança de conduta em relação à avaliação da aprendizagem, no sentido de averiguar se vai ao encontro do que se quer saber. Não se pode esquecer que *a aprendizagem é facilitada na medida em que o aluno participa do seu processo de forma responsável*.

Com poder e *liberdade*, os educandos podem aprender uns com os outros e com eles mesmos, se autoinstruir; numa aceitação da possibilidade de aprender com os erros. E cabe ao facilitador provocar uma aprendizagem continuada, que dê ênfase a *aprender como aprender*, numa *abertura* persistente à experiência e à *mudança, sem* perder de vista o princípio de que *os seres humanos têm uma potencialidade natural para aprender*.

O ritmo estabelecido para avançar, ou não, no estudo de determinados conteúdos é colocado pelos alunos. Dentro de uma estrutura básica de conteúdo o aluno é responsável por desenvolver sozinho ou em cooperação com os outros seu programa de aprendizagem. A independência, a criatividade, a autoconfiança são funções da autoavaliação, da autocrítica de cada um e estão presentes no processo de aprendizagem. E a *autodisciplina* é necessária ao aluno para atingir seus objetivos. Ela supre a disciplina externa.

Portanto, na teoria humanista da aprendizagem, o professor sai do foco, deixa de ser o principal dirigente da sala de aula; passa a ser um mediador/facilitador, na medida em que for solicitado, orienta seus alunos, pois ensinar é fazer crescer o outro, criando condições para que este, a partir dele próprio, aprenda e cresça. Assim, o professor está a serviço dos seus alunos, possibilitando-lhes uma autoaprendizagem.

Daí a importância fundamental da abertura ao diálogo, à discussão de conteúdos, dos planos de atividades. O que não inviabiliza que o professor promova os recursos de aprendizagem advindos de si mesmo e de suas experiências, de livros ou da comunidade, mas de maneira a envolver o aluno neste processo.

Cabe ao professor, portanto, promover na sala de aula um ambiente facilitador, expressando sua profunda confiança nas capacidades de aprender de seus alunos, demonstrando interesse pelos aspectos emocionais e cognitivos deles. Considerados tais elementos o estudante aprende conteúdos cognitivos, mas também aprende a conhecer suas próprias emoções.

Diante dos apontamentos referendados, é possível sintetizar como conceitos considerados essenciais na teoria de aprendizagem de Rogers no que tange aos alunos: a) potencialidade para aprender; b) tendência à realização (dessa potencialidade); c) capacidade do próprio organismo de valoração; d) aprendizagem significativa; e) resistência; f) abertura à experiência; g) autoavaliação; h) criatividade; i) autoconfiança e j) independência.

O grande desafio da educação é que a escola possa ser um lugar onde existam alunos que queiram aprender, que são responsáveis e criativos, bem como professores que gostam e se realizam com o que fazem e, o que é salutar, apreciem seus alunos. Um lugar onde professores e alunos queiram estar, não por uma obrigação, mas por representar um espaço de aprender e bem-estar, de confiança mútua, um lugar congruente.

Desafio esse que, se considerarmos a realidade das instituições escolares, tem aumentado a sua proporção, pela rigidez presente na organização curricular, nas aulas, nas avaliações. Rogers reconheceu essa realidade e ponderou que se deve trabalhar nessa perspectiva teórica, ainda que diante desses limites, estabelecendo e trabalhando num clima de aprendizagem de compromisso até que seja possível uma inteira liberdade de aprender.

Avaliação

A avaliação do processo de aprendizagem é realizada pelo aluno, numa constante revisão do sentido e do significado de aprender para si. O aluno realiza a sua autoavaliação no que tange a extensão e significação da aprendizagem e, além disso, conta com as ponderações e "avaliações" das demais pessoas do grupo e do professor.

A avaliação proposta por Rogers evidencia a autorresponsabilidade e a iniciativa do aluno, tornando-se mais compreensivo e consciente de sua capacidade.

Rogers e a educação no Brasil

A repercussão das obras de Rogers no Brasil representou a possibilidade de "revolução" no sistema de ensino vigente, definido como tradicional, num momento em que a escola era muito diretiva.

A aplicação da abordagem rogeriana foi alvo de críticas, principalmente por volta de 1980, afirmando-se que a teoria não trazia discussões voltadas ao social, ao político, ou seja, convertia-se numa teoria com o eixo no indivíduo e, com isso, o coletivo se perdia. Era a crença em uma pessoa, que era universal e desenraizada do seu entorno cultural, político, social, histórico. Por outro lado, segundo Almeida (2003), o que estava sendo construído era o homem na sua humanidade, inserido na sua realidade, e, com isso, a teoria não podia estar apartada de um contexto socioeconômico. A autora acrescenta ainda que uma pessoa colocada no centro traz em si um social, pois não há possibilidade de ver a si mesmo sem ver os outros.

Na concepção de Rogers, de acordo com Puente (1978), as transformações almejadas e ocorridas nas escolas já se constituem num primeiro passo, que poderá, *a posteriori*, alcançar os responsáveis pelas estruturas mais abrangentes da sociedade (sensibilizando-os, mudando-os). Uma mudança na base, na escola, requer uma mudança nas atitudes da direção, dos alunos, dos professores, dos pais, uma transformação interna, pois é fundamental uma ação autêntica; o ensino centrado no aluno não pode ser imposto.

Por outro lado, a teoria rogeriana é questionada por uma suposta insuficiência para explicar todo o processo de ensino e aprendizagem, por centrar-se em hipóteses fundamentalmente funcionais. Mas não se deixa de reconhecer sua importância como uma condição que facilita a aprendizagem.

Finalizamos com uma reflexão de Rogers, no que tange à aplicação de sua teoria à educação:

> Se dermos valor à independência, se nos sentirmos incomodados pela crescente conformidade dos conhecimentos, dos valores e das atitudes a que o nosso sistema conduz, então talvez queiramos estabelecer condições de aprendizagem que favoreçam a originalidade, a autonomia e o espírito de autoiniciativa na aquisição da aprendizagem. (1982: 270-271)

Notas

[1] O determinismo constitui-se na suposição de que todo comportamento ocorre por causas específicas, ou seja, é explicado por relações de causalidade.
[2] Constitui-se numa intervenção clínica-psicológica.

Emilia Ferreiro: construtivismo e alfabetização

> "O que a criança aprende – nossos dados assim o demonstram – é função do modo em que vai se apropriando do objeto através de uma lenta construção de critérios que lhe permitam compreendê-lo. Os critérios da criança somente coincidem com os do professor no ponto terminal do processo."
> *Emilia Ferreiro*

Emilia Beatriz María Ferreiro Schavi destaca-se por sua importante contribuição à educação, por ter desenvolvido uma concepção diferente dentro do processo de alfabetização, invertendo o foco da didática alfabetizadora do "como se ensina", até então usada tradicionalmente, para o "como se aprende".

Suas ideias contribuíram para que os educadores revissem métodos e concepções tradicionais de ensino, levando Telma Weiz a afirmar que a história do aprendizado da leitura e da escrita deve ser dividida em antes e depois de Emilia Ferreiro (apud Ferrari, 2008).

Em reconhecimento ao seu trabalho, recebeu seis títulos *honoris causa*, ademais de ser condecorada, em 2001, com a Ordem Nacional do Mérito Educativo pelo governo brasileiro, posto que "Nenhum nome teve mais influência sobre a educação brasileira nos últimos 20 anos que a psicolinguista argentina Emilia Ferreiro [...], influenciando as próprias normas do governo para a área, expressas nos Parâmetros Curriculares Nacionais", da primeira à quarta série do ensino fundamental, de 1997 (Ferrari, 2008: 58).

Emilia Ferreiro, nascida na Argentina em 1936, graduou-se em Psicologia pela Universidade de Buenos Aires e doutorou-se, no início dos anos de 1970, na Universidade de Genebra, sob a orientação de Jean Piaget (1896-1980), com a tese *Les relations temporelles dans le langage de l'enfant*, tendo trabalhado como pesquisadora-assistente do psicopedagogo suíço.

Retornando à Argentina, passa a trabalhar como docente da Universidade de Buenos Aires até 1974. Fase em que forma um grupo de pesquisa sobre alfabetização, realizando, entre os anos de 1974 a 1976, um trabalho experimental em escolas primárias e jardins de infância argentinos "tratando de desvendar os mistérios da história pré-escolar da escrita", no sentido de compreender por que um número demasiadamente significativo de crianças fracassava nos primeiros anos de alfabetização (Ferreiro e Teberosky, 1991: 12).

Fruto desse trabalho, surge, em 1979, sua mais importante obra, *Los sistemas de escritura en el desarollo del niño*, publicada em coautoria com a pedagoga Ana Teberosky[1] e lançada no Brasil, em 1985, com o título *Psicogênese da língua escrita*. Obra que segundo as autoras busca resgatar "Um sujeito que a Psicologia lecto-escrita esqueceu, em favor de buscar aptidões específicas, habilidades particulares ou uma sempre mal definida maturidade." (Ferreiro e Teberosky, 1991: 11).

Mas essa obra foi lançada primeiramente no México, tendo em vista que, em 1977, em razão do golpe militar argentino, Emilia Ferreiro exilou-se na Suíça e passou a lecionar na Universidade de Genebra. A partir de 1979, mudou-se definitivamente para aquele país, após iniciar um trabalho com crianças mexicanas com dificuldades de aprendizagem, tornando-se professora titular no Departamento de Investigações Educativas (DIE), do Centro de Investigação e Estudos Avançados do Instituto Politécnico Nacional (Cinvestav).

A CRÍTICA AOS MÉTODOS TRADICIONAIS DE ALFABETIZAÇÃO

Para Ferreiro e Teberosky (1991), a literatura pedagógica e psicológica sobre a aprendizagem da língua escrita dividiu-se, basicamente, em duas visões: a) os que abordam o tema enquanto um problema metodológico e b) os que enfocam a questão a partir de encontrar uma lista de aptidões ou habilidades perceptomotoras previamente necessárias para o "bom" aprendizado da leitura e da escrita.

A primeira visão (item a) causava e causa dentro da literatura pedagógica uma polêmica em torno de dois tipos tradicionais de métodos, hegemonicamente usados pelos sistemas escolares para alfabetizar:

a) O método sintético ou alfabético que parte de unidades mínimas ou menores que as palavras (letras) buscando a correspondência entre o oral (som) e o escrito (grafia), indo auditivamente das partes (a, e, i, o..., va, ve, vi, vo...) para o todo (uva, Ivo etc.) de modo a ensinar o alfabetizando a pronunciar as letras e depois as palavras.

No entanto, segundo Ferreiro e Teberosky (1991), essa versão mais tradicional do método sintético caiu em desuso uma vez que o método fonético foi se desenvolvendo por influência da linguística. Este parte do som (fonema) usando palavras (unidades maiores de sons) associadas a suas representações gráficas (cachorro, casa etc.) e busca diferenciar/separar sons e estabelecer uma associação entre fonema-grafema (som-letras).

b) Tal concepção, mecanicista e associacionista, é a que o método analítico busca superar afirmando que a leitura trata-se de "uma tarefa fundamentalmente visual" e não auditiva, posto que a percepção global do significado das palavras ou da oração vem primeiro à análise dos componentes ou unidades alfabéticas, tendo em vista que, segundo Decroly, "no espírito infantil as visões de conjunto precedem a análise" (apud Ferreiro e Teberosky, 1991: 20).

No entanto, segundo Ferreiro e Teberosky (1991), as discrepâncias entre os métodos sintético-fonético e o analítico levam tão somente à busca de diferentes estratégias ou habilidades perceptomotoras (auditiva ou visual) como requisito para o ato da leitura. Vale dizer que tais posturas metodológicas (a sintética/fonética e a analítica) levaram à formação de concepções psicológicas precisas, cujo debate conforma a segunda visão (item b) sobre a aprendizagem da lecto-escrita.

Essas concepções psicológicas elaboraram uma literatura que culpabiliza os indivíduos (alfabetizandos) pelo fracasso escolar, por falta de amadurecimento ou aptidão, na medida em que se dedicam a encontrar, através de testes de aptidões, as variáveis ou a lista das habilidades necessárias para que o educando possa aprender a ler e escrever tais como: discriminações visuais e auditivas, lateralização espacial, coordenação motora etc.

> Dizendo em termos banais: se uma criança está bem lateralizada, se seu equilíbrio emocional é adequado, se tem uma boa discriminação visual e auditiva, se seu quoeficiente intelectual é normal, se sua articulação é também adequada..., então também é provável que aprenda a ler e a escrever sem dificuldades. Em suma: se tudo vai bem, também a aprendizagem da lecto-escrita vai bem (Ferreiro e Teberosky, 1991: 26).

Portanto, para Emilia Ferreiro, em resposta ao problema do fracasso escolar, sobretudo, o latino-americano, havia chegado o momento histórico de se fazer uma revolução conceitual a respeito da alfabetização (Weiz, apud Ferreiro, 2001: 4) que levasse em consideração a perspectiva do sujeito que aprende e não a dos sujeitos que ensinam "em função de uma relação entre o método utilizado e o estado de 'maturidade' ou de 'prontidão' psicomotora da criança" (Ferreiro, 2001: 9).

Tal revolução conceitual nasce de um duplo marco conceitual, formulado a partir da teoria psicogenética de Piaget e da psicolinguística contemporânea de Noam Chomsky.

O DUPLO MARCO CONCEITUAL DA PSICOGÊNESE DA LÍNGUA ESCRITA

O trabalho realizado pelo grupo de Emilia Ferreiro, em escolas argentinas entre 1974 e 1976, parte do pressuposto de que a aprendizagem da escrita inicia-se antes do que a escola imagina, ainda que "ensinar a ler e escrever continue sendo uma das tarefas mais especificamente escolares" (Ferreiro e Teberosky, 1991: 11).

Isso porque, para além dos recursos, métodos e manuais didático-pedagógicos, a aprendizagem ocorre, pois toda criança possui uma estrutura cognitiva genética definida enquanto "propriedade organizacional da inteligência, criada a partir de seu funcionamento e causa dos comportamentos" (Azenha, 1998: 103).

Por essa razão, para Ferreiro, Teberosky e colaboradoras, a literatura sobre a alfabetização era insatisfatória por esquecer como se dá o desenvolvimento do aprendizado da lecto-escrita a partir do sujeito que aprende, ou seja, a partir de sua competência linguística e capacidade cognitiva, fato revelado pela teoria de Piaget e pela psicolinguística contemporânea de Chomsky e deixado de lado pelas teorias tradicionais sobre a alfabetização.

O construtivismo de Piaget aplicado à alfabetização

Para as criadoras da teoria psicogenética da língua escrita, pode-se falar de uma "teoria piagetiana" da lecto-escrita, ainda que tal teoria contenha apenas referências tangenciais ou não sistematizadas sobre o tema. O construtivismo de Piaget passa a ser entendido como uma "teoria geral dos processos de aquisição do conhecimento" e não apenas como uma "teoria limitada aos processos de aquisição dos conhecimentos lógico-matemáticos". No caso, a teoria de Piaget não é vista como dogma, mas como uma teoria científica, cuja validade geral é provada ao ser inserida em um campo próprio que Piaget não havia estudado (Ferreiro e Teberosky, 1991: 28).[2]

O alfabetizando passa a ser considerado um sujeito cognoscente que, ao interagir com a escrita (enquanto um objeto cujo conteúdo ou dado bruto ainda não foi interpretado), formula hipóteses, propõe e soluciona problemas no sentido de compreender a natureza, a função e o valor desse objeto cultural, não buscando apenas adquirir uma técnica.

Trata-se, portanto, de um sujeito criativo, ativo e inteligente que não espera primeiro receber instruções benevolentes por parte de adultos alfabetizados alheios ao seu processo interno de aprendizagem, mas o tempo todo transforma em ação interiorizada (pensamento) ou em ação efetiva (segundo o seu nível de desenvolvimento) as dúvidas advindas do mundo cotidiano da escrita e da leitura (conflito cognitivo), construindo suas próprias categorias lógicas de apreensão dessa realidade (comparando, excluindo, ordenando, categorizando, formulando e reformulando hipóteses, comprovando e reorganizando).

Nesse sentido, seria um absurdo imaginar que uma criança de 4 ou 5 anos, capaz de construir teorias sobre o universo e a origem do homem e que se pergunta sobre os fenômenos que diariamente vivencia, "não se faça nenhuma pergunta a respeito da natureza desse objeto cultural, até ter 6 anos e uma professora à sua frente"; sobretudo, uma criança "que cresce num ambiente urbano, no qual vai reencontrar, necessariamente, textos escritos em qualquer lugar (em seus brinquedos, nos cartazes publicitários ou na placas informativas, nas suas roupas, na TV, etc.)" (Ferreiro e Teberosky, 1991: 26).

Assim, o construtivismo piagetiano aplicado ao processo de alfabetização, permite diferenciar entre método (entendido enquanto ações específicas do meio sobre o sujeito) e processo de aprendizagem que pode ser estimulado ou bloqueado, segundo a pertinência ou não do método de ensino escolhido. Ou seja, de acordo com Ferreiro e Teberosky (1991: 27), um método "pode ajudar ou frear, facilitar ou dificultar, porém não criar aprendizagem", posto que "a obtenção do conhecimento é um resultado da própria atividade do sujeito". Visão que coloca como ponto de partida da aprendizagem o sujeito e não o professor com seus métodos e conteúdos.

Portanto, não mais se justifica alfabetizar buscando a correspondência mecânica entre fonema-grafema, para posteriormente passar à compreensão do texto escrito, pressupondo a ausência de pensamento lógico, tal como demonstram os chamados erros didáticos ou construtivos.

Os erros construtivos na aprendizagem

Prova de que o sujeito da alfabetização não é um mero receptor de dados iniciais, mas um construtor/produtor de seu conhecimento, está na noção de "erros construtivos ou pedagógicos", diante dos quais o dever do psicólogo "é de tratar de compreendê-los" e o dever dos pedagogos "é levá-los em consideração, e não colocá-los no saco indiferenciado dos erros em geral" (Ferreiro e Teberosky, 1991: 22).

Tais erros pedagógicos, segundo Piaget, constituem pré-requisitos necessários para se chegar à resposta correta, tendo em vista que o conhecimento é operatório ou processual, ou seja, se desenvolve a partir de funções cognitivas que avançam de uma posição de menor para uma de maior complexidade ou generalidade (pensamento).

Um exemplo concreto desse tipo de erro pedagógico, semelhante ao exemplo dado por Ferreiro e Teberosky (1991), encontramos no caso do menino Osvaldo de 4 anos e meio que diz "eu fazi" ao invés de "eu fiz".

Para as autoras, casos como esse, bem como quando crianças escrevem palavras faltando letras e sem sentido, eram tratados, classicamente, como um "erro" motivado por uma falta de atenção ou de maturidade para o aprendizado da linguagem escrita e oral. No entanto, o caso de Osvaldo não se trata de um engano literal por falta de interesse ou de capacidade para conjugar os verbos corretamente na língua portuguesa, isso porque é um "erro" comum ou sistemático das crianças, cujo fenômeno pode ser considerado universal.

Assim, o que ocorre com Osvaldo, segundo a visão piagetiana, é que ele está tratando os verbos irregulares como se fossem regulares, afinal de contas, se comer dá comi, correr dá corri, nascer dá nasci, fazer deveria dar "fazi" ao invés de "fiz".[3]

E por que ocorre tal erro pedagógico ou construtivo? Ocorre porque uma criança não regulariza verbos irregulares mecanicamente, por imitação ou reforçamento externo, posto que os adultos que comumente convivem e ensinam ao menino Osvaldo não falam "eu fazi". Então, tais verbos "São regularizados porque a criança busca na língua uma regularidade e uma coerência que faria dela um sistema mais lógico do que na verdade é" (Ferreiro e Teberosky, 1991: 22).

Prova viva de que as crianças possuem internamente desenvolvida uma estrutura lógica cognitiva que lhes possibilita um "surpreendente grau de conhecimento que uma criança dessa idade tem sobre seu idioma" tendo em vista que para "regularizar os verbos irregulares precisa ter distinguido entre o radical verbal e a desinência, e ter descoberto qual é o paradigma normal (isto é, regular) da conjugação dos verbos".

A influência da psicolinguística contemporânea de Noam Chomsky

Para Ferreiro e Teberosky, a partir da década de 1960, surge a psicolinguística contemporânea, formulada, sobretudo, com base na teoria linguística de Noam Chomsky, cuja obra *Gramática generativa* "dá lugar central e privilegiado ao componente sintático", e os psicólogos tomaram esse modelo como ponto de partida, tratando de provar sua "realidade psicológica" (1991: 24).

Para as citadas pesquisadoras, essa nova psicolinguística traz uma concepção de aprendizagem da linguagem que coincide com as concepções de Jean Piaget, na medida em que, após Chomsky, a distinção entre competência e desempenho (performance) tornou-se comum. Diferenciação que está na base da teoria piagetiana de inteligência, evidenciando que a "criança que chega à escola tem um notável conhecimento de sua língua materna, um saber linguístico que utiliza "sem saber" (inconscientemente) nos seus atos de comunicação cotidianos", tal como vimos no caso de Osvaldo.

Essa distinção entre competência e desempenho demonstra que não se pode "identificar o saber real de um sujeito sobre um domínio particular, com seu desempenho efetivo em uma situação particular". Portanto, uma pessoa que não seja capaz de realizar mentalmente uma operação matemática não se trata de alguém que seja ignorante na matemática, ou, por não saber pronunciar corretamente as palavras "paralelepípedo" ou "Pindamonhangaba", não significa "que não seja capaz de compreender e de produzir as distinções fonemáticas próprias de sua língua". Posto que tais dificuldades se relacionem com "limitações de nossa memória imediata, e não com nossa real capacidade de efetuar essas operações" (Ferreiro e Teberosky, 1991: 24-25).

O fato é que essa concepção permitiu questionar as práticas utilizadas pelos métodos tradicionais de aprendizagem da linguagem. Isso porque tais métodos partiam da ideia de que o sujeito, ao aprender sobre a fala, não possuía nenhum prévio conhecimento notável sobre sua língua materna, levando-se a acreditar que o aprendizado da criança se dava por imitação e reforço seletivo (advindo do meio).

Em síntese "quando uma criança produz um som que se assemelha a um som da fala dos pais, estes manifestam alegria, fazem gestos de aprovação, demonstram carinho etc.". Assim, por reiteradas associações entre a emissão sonora e a presença do objeto, aquela termina por transformar-se em signo desta e, portanto, se faz "palavra" (Ferreiro e Teberosky, 1991: 22).[4]

Porém, a psicolinguística contemporânea, ao enfatizar a aquisição das regras sintéticas para o aprendizado da fala, gerou a necessidade de se rever os métodos usados até então para a aprendizagem da língua escrita. Isso porque a aprendizagem da língua escrita havia se apropriado dessa visão associacionista ao formular suas práticas metodológicas habituais, acreditando, implicitamente, que o aprendizado da língua escrita se dava da mesma forma que a da linguagem falada, concebendo que a aprendizagem da língua escrita passava por uma (re)aprendizagem da língua oral.

Segundo os métodos tradicionais, para se escrever sem erros, dever-se-ia saber pronunciar corretamente, razão pela qual "falar bem" e possuir "boa articulação" passaram a ser requisito indispensável para se escrever num sistema alfabético. Por essa mesma razão iniciava-se o aprendizado dando ênfase ao léxico, obrigando as crianças a reaprenderem a pronunciar começando pelas vogais, passando pelas sílabas até formar as primeiras palavras por duplicação destas sílabas (mamá, papá etc.) de modo a ir diferenciando os sons da fala ou os fonemas, acreditando, erroneamente: a) que as crianças não sabiam diferenciar tais fonemas, o que é falso, tendo em vista que antes de entrar na escola já sabem diferenciar entre um fonema e outro, podendo distinguir, por exemplo, "pau" de "mau" e; b) ser a escrita alfabética uma transcrição fonética, coisa que não o é, já que a língua escrita é um sistema de representação cuja função é representar a realidade e não um mero código técnico a ser decodificado ou decifrado mediante técnicas perceptomotoras.

Princípios básicos da psicogênese da língua escrita

Em razão de a teoria psicogenética da língua escrita se sustentar na dupla base conceitual, anteriormente apresentada, três são os seus princípios básicos que permitem compreender a escrita enquanto um sistema de representação da realidade. Vamos a eles:

a) **Não identificar ler com decifrar** – segundo esse princípio, ler não se trata de decodificar as grafias (letras) em sons (fonemas) já que a escrita trata-se da construção de um sistema de representação da realidade e não um código de transcrição gráfica das unidades sonoras.

b) **Não identificar a escrita com cópia de um modelo** – quando se concebe a lecto-escrita como a aquisição de um sistema de representação do mundo, a alfabetização não mais é vista como a aquisição de uma técnica voltada à reprodução gráfica da língua falada, passando a ser vista enquanto a apropriação de um novo objeto de conhecimento, ou seja, trata-se de uma tarefa de ordem conceitual. Nesse caso, a ênfase alfabetizadora recai nos significados e não sobre os significantes (formas das letras), ou seja, recai sobre o conteúdo ou ideia da realidade/objeto apresentado. Isso porque "a escrita não é cópia passiva e sim interpretação ativa dos modelos do mundo adulto" (Ferreiro e Teberosky, 1991: 34).

c) **Não identificar progressos na conceitualização com avanços no decifrado ou na exatidão da cópia** – os dois primeiros princípios levam-nos a concluir que ler não é decifrar e escrever não é copiar, tratando-se a aprendizagem da lecto-escrita de uma atividade construtiva ou de uma interpretação ativa por parte do alfabetizando em que a criança vai conceitualizando e reconceitualizando o sistema que lhe é apresentado. Portanto, a aquisição da lecto-escrita não avança paralelamente à aquisição técnica da linguagem, mediante a decifração ou diferenciação de sons (fonemas) ou a cópia dos traçados gráficos (grafia).

Por isso, Ferreiro, Teberosky e suas colaboradoras, trataram de identificar em suas pesquisas de campo quais eram as concepções infantis a respeito do sistema da escrita, concepções que passavam despercebidas pela visão do alfabetizar adulto.

Concepções de crianças sobre a escrita

De acordo com as pesquisas de Ferreiro e Teberosky e suas colaboradoras, "que uma criança não saiba ler, não é obstáculo para que tenha ideias bem precisas sobre as características que deve possuir um texto escrito" (Ferreiro e Teberosky, 1991: 39). Por isso as crianças ao adentrarem no mundo da escrita, desde o universo extraescolar (portador dos conhecimentos socialmente transmitidos), vão evolutivamente:

a) distinguindo entre a representação do que é para ser lido (letra ou o não icônico, não figurativo) e o que é para ser visto (desenho ou icônico, figurativo);

b) distinguindo entre letras e sinais de pontuação;

c) descobrindo qual é a orientação espacial da leitura (da esquerda para a direita e de cima para baixo);

d) construindo formas próprias de diferenciação intrafigural, ou seja, estabelecem quais características ou critérios uma palavra escrita deve ter para ser considerada legível, interpretável ou ter um significado. Dentre tais critérios intrafigurais, Ferreiro e Teberosky (1991) encontraram um eixo quantitativo e outro qualitativo. Assim, para as crianças uma escrita para ser legível ou interpretável deve ter uma quantidade suficiente de letras/caracteres, no mínimo três (no geral) e uma variedade de caracteres (vertente qualitativa), caso contrário não será considerada como uma escrita que "diga algo";

e) distinguindo entre letras e números entendendo que os números servem para contar e as letras para ler, tratando-se de dois sistemas diferentes de representação da realidade, fato que leva a criança a renunciar à aplicação da regra de quantidade mínima de caracteres, antes mencionada;

f) por fim, as crianças, ao avançar no mundo da escrita, vão percebendo uma relação entre o som silábico e a grafia (fonetização da escrita).

O fato é que o desvelamento de tais concepções infantis sobre o mundo da escrita refletiu diretamente nas práticas alfabetizadoras. Isso porque, ditas práticas, levadas a cabo pela visão adultocêntrica, acreditavam, por exemplo, que a alfabetização deveria ser iniciada por pequenas partes das palavras separadas, não percebendo a dificuldade de uma criança em entender, por exemplo, a função dos artigos (o, a, os, as etc.) em função de sua concepção (no geral) de que devem existir ao menos três caracteres para se formar uma palavra interpretável.

O mesmo ocorre com palavras com letras repetidas, tal como "ovo", "babá", que além de serem pequenas, repetem vogais e consoantes dificultando à criança percebê-la como palavras interpretáveis por haver pouca variedade de caracteres.

ETAPAS DE ESTRUTURAÇÃO DA LÍNGUA ESCRITA

Do ponto de vista construtivo "quando uma criança começa a escrever, produz traços visíveis sobre o papel, mas além disso, e fundamentalmente, põe em jogo suas hipóteses acerca do próprio significado da representação gráfica" (Ferreiro e Teberosky, 1991: 34), fazendo com que a aquisição da escrita siga uma linha de evolução surpreendentemente regular, segundo Ferreiro (2001), a qual dividiremos em quatro etapas: a pré-silábica, a silábica, a silábico-alfabética e a alfabética.

1) Etapa pré-silábica – esta etapa é assim denominada pelo fato de que a criança ao registrar traços no papel não tem a intenção de registrar a pauta sonora da linguagem (sílaba), ou seja, ao escrever não busca estabelecer correspondência entre a grafia e o som da palavra. Em um primeiro momento dessa fase, a criança produz uma escrita indiferenciada, pouco diferenciando entre a grafia de uma palavra e a de outra, ou seja, escreve sem diferenças interfigurais, ao mesmo tempo, usas letras/grafias convencionais ou não, sobretudo as que lhe sejam mais familiares. Já em um segundo momento, as diferenças interfigurais vão surgindo em uma "tentativa sistemática de criar diferenciações entre os grafismos produzidos" (Azenha, 1998: 66).

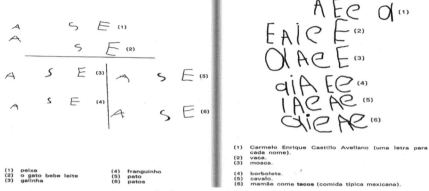

Fonte: Ferreiro, 2001: 22-23. Exemplo de escrita pré-silábica com letras convencionais sem diferenciações interfigurais (à esquerda realizada por uma criança de 6 anos) e com diferenciações interfigurais (à direita realizada por uma criança de 6 anos e 2 meses).

2) Etapa silábica – inicia-se quando a criança percebe que a escrita se relaciona com um contexto sonoro, buscando, ao escrever, atribuir a cada letra ou marca escrita o registro de uma sílaba falada (Azenha, 1998: 72). Trata-se, portanto, de uma fase importantíssima porque a criança descobre que cada letra vale por uma sílaba, começando a produzir uma escrita silábica ao compreender que diferentes sons (a pauta sonora das palavras) requerem diferentes grafias. Mas, ao escrever, apesar de usar letras convencionais do alfabeto (no geral), o faz muitas vezes de forma aleatória, ou seja, usa-as sem o seu valor sonoro convencional.

Fonte: Azenha, 1998: 81. Exemplo de escrita silábica, criança de 5 anos.

3) Etapa silábica-alfabética – trata-se de uma etapa de transição na qual a criança usa das hipóteses de um período anterior, o silábico, e de um posterior, o alfabético, na medida em que, sem abandonar a escrita de tipo silábico, inicia uma escrita com mais letras "tentando aproximar-se do princípio alfabético, onde os sons da fala são registrados pelo uso de mais de uma letra" (Azenha, 1998: 82). Ou seja, "o período silábico-alfabético marca a transição entre os esquemas prévios em via de serem abandonados e os esquemas futuros em vias de serem construídos" (Ferreiro, 2001: 27).

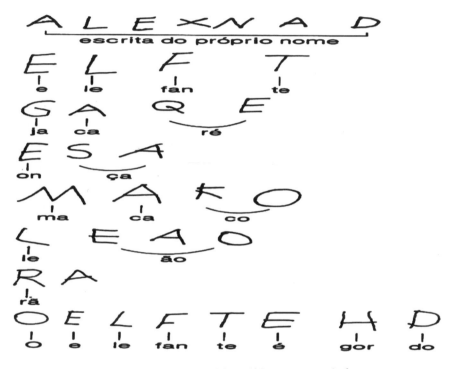

Fonte: Azenha, 1998: 83. Exemplo de escrita silábica-alfabética, criança de 6 anos.

4) Etapa alfabética – nesta última fase a criança começa a escrever segundo as regras socialmente estabelecidas, por perceber definitivamente que cada letra corresponde a sons menores que a sílaba, ou seja, compreende que a sílaba "não pode ser considerada como uma unidade, mas que ela é, por sua vez, realizável em elementos menores" (Ferreiro, 2001: 27).

Nessa fase, porém, apesar de dominar o código escrito, podendo usá-lo para várias funções por ter compreendido todos os conceitos convencionais e arbitrários da escrita, a criança enfrentará novos conflitos cognitivos que deverá ir solucionando sempre a partir de um desenvolvimento cognitivo construtivo. Nesse caso, ao descobrir que não basta uma letra para formar uma sílaba, também perceberá que não existe uma regularidade, posto que existem sílabas com duas, três ou mais letras. Igualmente, terá que enfrentar os problemas ortográficos por perceber que a identidade de som não garante identidade de letras e vice-versa.

Implicações psicopedagógicas da psicogênese da língua escrita

Tal como vimos, um aspecto inovador das pesquisas de Ferreiro, Teberosky e suas colaboradoras foi a de revelar o aspecto da função social, e não apenas escolar, da escrita (Teberosky, 2003), demonstrando que a criança chega à escola portando um saber prévio, a partir de um processo evolutivo e cognitivo. Assim, as escritas infantis fora dos padrões do sistema alfabético, antes consideradas como erros, passam a ser vistas como "escritas verdadeiras", cujas garatujas (rabiscos) são consideradas como indício e prova desse saber prévio que possuem.

Tal descoberta psicológica permite, "por um lado, ter uma visão diferente do sujeito da aprendizagem: em lugar de considerarem a criança que ingressa no sistema educacional como ignorante, porque ainda não foi 'ensinada', perguntam o que essas crianças sabem, em função de seu próprio trabalho cognitivo"; por outro lado, continua Emilia Ferreiro:

> essas mesmas descobertas psicológicas lhes permitiram ter uma visão diferente do processo de ensino: em lugar de considerarem o professor como o único depositário do saber relativo à língua escrita, são aceitas e solicitadas as contribuições de todos os participantes do grupo (e, além disso, da própria comunidade); em lugar de seguir uma progressão de exercícios pré-determinada por um manual, são realizadas, preferencialmente, atividades onde a língua escrita cumpre apenas algumas de

suas funções sociais específicas (escrever para recordar, para conservar, para comunicar-se a distância; ler para informar-se para obter um resultado em função de uma série de instruções, para descobrir mundos fantásticos etc.); em lugar de propor atividades de cópia, propõe a construção coletiva de lista de palavras e de textos etc. (Ferreiro, 1991: I-II)

Alfabetização de jovens e adultos: Emilia Ferreiro e Paulo Freire

Apesar de as pesquisas de Emilia Ferreiro e colaboradoras voltarem-se às crianças de 4 a 6 anos em geral, professores da Educação de Jovens de Adultos (EJA) vêm reconhecendo a contribuição do paradigma psicogenético de construção da escrita à prática pedagógica da alfabetização de jovens e adultos, por apontar para a existência de uma singularidade da alfabetização em cada alfabetizando jovem/adulto, em função do processo de construção do pensamento lógico deles como resultado da interação de seu "saber" com o mundo convencional da escrita (Macedo e Campelo, 2010).

Por razões como essa, Emilia Ferreiro e sua abordagem piagetiana de aquisição da língua escrita, vem sendo considerada, ao lado da teoria/método de Paulo Freire (voltada à educação popular para a escolarização e a formação da consciência política),[5] uma importante fonte de inspiração para a fundamentação da prática dos professores da EJA, na medida em que a alfabetização de jovens e adultos passa pela necessidade de o aluno adquirir conhecimentos, propor problemas, criar hipóteses e encontrar caminhos coerentes para ampliar sua aprendizagem, a partir de sua própria realidade e de seus conhecimentos prévios sobre a mesma.

Considerações críticas à psicogênese da língua escrita

Existem algumas críticas ao paradigma psicogenético de construção da escrita, formulado por Ferreiro, Teberosky e colaboradoras, a partir da teoria de Piaget. Talvez a crítica mais contundente advenha dos que advogam pelo retorno de métodos tradicionais de ensino para a alfabetização, acusando o método psicogenético de ter se transformado em uma "verdade dogmática" que teria levado o Brasil a um péssimo desempenho escolar.

Esse é o caso do psicólogo Fernando Capovilla, para quem ler é decodificar. Motivo pelo qual defende o uso do "método fonético", que enfatiza as relações símbolo-som através da associação, sob a alegação de que é o melhor método para se ensinar os disléxicos, que é recomendado para a maioria dos estados norte-americanos e adotado em vários destes, além de ser usado em grande parte dos países que aparecem no topo da lista do Pisa (Pesquisa Internacional de Avaliação do Estudante) – exame no qual o Brasil, historicamente, tem se situado nas últimas posições (Menezes, 2003).

Outra consideração crítica que pode ser formulada à teoria psicogenética refere-se ao fato de ela defender que o problema da alfabetização está nos processos de aprendizagem e não nos métodos empregados. Mas, ainda que Ferreiro, Teberosky e suas colaboradoras tenham tentado centrar suas análises nos processos internos de aprendizagem dos alfabetizandos, ao final, a discussão comumente se centra em encontrar qual o melhor método ou didática capaz de dar conta de se estimular tais processos internos, passando o debate a formular uma lista de modos de como conduzir o processo de ensino-aprendizagem dentro da sala de aula e fora dela.

Notas

1. Segundo Ferreiro e Teberosky (1991:12) Alicia Lenzi, Suzana Fernandes, Ana Maria Kaufman e Liliana Tolchinsky devem ser consideradas coautoras da citada obra, por terem composto a equipe inicial que desenvolveu o trabalho e que resultou na publicação desta.

2. Por fim, vale mencionar o fato de que ainda que a Psicogênese da Língua Escrita pertença à escola de Jean Piaget por utilizar-se de seus pressupostos teóricos para encontrar a gênese da lingua escrita (Sinclair, apud Ferreiro e Teberosky, 1991: 13). Ferreiro e Teberosky, ao final de seu trabalho, concluem que faziam, sem saber, o que Vygotsky já havia destacado claramente há décadas: "Uma tarefa prioritária da investigação científica é desvendar a pré-história da linguagem escrita na criança, mostrando o que é que conduz à escrita, quais são os pontos importantes pelos quais passa esse desenvolvimento pré-histórico, e qual é a relação entre esse processo e a aprendizagem escolar." (Ferreiro e Teberosky, 1991:282).

3. No idioma espanhol, Ferreiro e Teberosky (1991: 22) usam o exemplo das crianças que dizem "yo lo poní" ao invés de "yo lo puse".

4. Tal visão levou a que ditos métodos tradicionais iniciassem o aprendizado da linguagem pela aquisição de quantidade e variedade de palavras (léxico) classificando as categorias da linguagem adulta (verbos, susbstantivos, adjetivos etc.), deixando de lado a aquisição das regras sintáticas que permitem combinar palavras, construir orações aceitáveis e assim constituir uma linguagem.

5. Para Paulo Freire, a alfabetização de adultos deve se dar através dos chamados "temas geradores" (temas significativos para a realidade dos alunos), entendendo que a alfabetização de adultos é um momento criador por ser um ato político e um ato de conhecimento. Por isso, do mesmo modo que Emilia Ferreiro e colaboradoras, seu método parte de uma crítica ao ensino tradicional que não vê o aluno como um sujeito ativo de seu próprio processo alfabetizador.

A MOTIVAÇÃO E OS PROCESSOS DE ENSINO E APRENDIZAGEM

> "Há muita sabedoria pedagógica nos ditos populares. Como naquele que diz: 'É fácil levar a égua até o meio do ribeirão. O difícil é convencer ela a beber a água...'. De fato: se a égua não estiver com sede, ela não beberá água por mais que o seu dono a surre... Mas, se estiver com sede, ela, por vontade própria, tomará a iniciativa de ir até o ribeirão. Aplicado à educação: 'É fácil obrigar o aluno a ir à escola. O difícil é convencê-lo a aprender aquilo que ele não quer aprender...'."
> *Rubem Alves*

A motivação está presente como um processo em todas as esferas de nossas vidas, no trabalho, na escola, nas atividades de lazer, nas nossas relações familiares etc., interferindo em nossas ações e nos resultados destas.

Mas afinal o que significa motivação? O termo é derivado do verbo latino "*movere*", que tem relação com ação, engloba a ideia de movimento; incita o indivíduo a agir, a fazer ou não alguma coisa, podendo mantê-lo na ação e ajudá-lo a completar determinadas tarefas (Lefrançois, 2008). Estudar a motivação possibilita conhecer o que nos faz "movimentar", afinal todos caminhamos em busca de metas, objetivos, com vista à satisfação de nossas necessidades e desejos. Assim, as motivações nos ativam, dirigindo-nos para um alvo em particular e mantendo-nos em ação.

Para Bzuneck (2002), devemos compreender que a motivação é um processo e não um produto, não pode, portanto, ser observada diretamente, mas ser inferida a partir de alguns comportamentos. A motivação humana perpassa por inúmeras situações e condições.

Não podemos deixar de considerar que a motivação tem papel importante na aprendizagem. No ambiente escolar muito se discute sobre as influências da motivação, com ela professores e alunos podem ter estímulos e incentivos considerados favoráveis no processo de ensino e aprendizagem e, ao mesmo tempo, sem ela a aprendizagem fica dificultada, lembrando que existe uma série de fatores que podem resultar nesta motivação, como o fato, por exemplo, de os alunos estarem frequentando uma escola com qualidade em seu ensino. Além disso, vemos sua utilização para justificar o fracasso, a evasão e o desinteresse do aluno, como se fosse uma causa inerente ao indivíduo, desconsiderando, por outro lado, fatores também importantes, que atuam em conjunto, resultando na desmotivação.

As pessoas possuem em menor ou maior grau o desejo de conhecer, de aprender. De acordo com Aristóteles todos os homens têm, naturalmente, um impulso para adquirir conhecimento. É o que já podemos perceber nos olhinhos curiosos da criança, na faminta exploração do mundo com as mãos, com a boca. Mas o que dizer quando se vê perdido na criança esse desejo pela descoberta com a sua entrada ou permanência na escola, onde teria um mundo a conhecer e decifrar?

Pesquisas realizadas permitem concluir que a relação entre aprendizagem e motivação é recíproca. Dessa forma, a motivação pode produzir um efeito na aprendizagem e no desempenho assim como a aprendizagem pode interferir naquela (Siqueira e Wechsler, 2006).

Motivação e educação escolar

O tema motivação e aprendizagem escolar tem sido objeto de investigação dos psicólogos educacionais nos últimos anos e

O problema da falta de motivação dos estudantes representa um dos maiores desafios à eficácia do ensino. E, nesse sentido, a preocupação tem sido a de criar condições para que o aluno esteja "a fim de aprender", de maneira a envolvê-lo nas atividades de aprendizagem, a persistirem nas tarefas desafiadoras, a aprender efetivamente, a valorizar a educação, buscando as condições favoráveis para que isso ocorra.

Desempenho difícil, problemas de comportamento, aulas mal planejadas, alunos e professores apáticos etc. – estes têm se tornado alguns dos problemas colocados como frequentes no cotidiano escolar. São inúmeras as discussões e teorizações sobre a motivação/desmotivação de alunos para aprender e de professores para ensinar, que perpassam por alegações intrínsecas ao indivíduo até as mais amplas, considerando o contexto de relações no qual estão inseridos.

Para melhor compreender a motivação, suas possíveis contribuições e interferências no processo de ensino, veremos a seguir algumas teorias que a explicam e a definem, na busca por entender por que alguns estudantes gostam e aproveitam a vida escolar, adquirindo novas capacidades e desenvolvendo todo o seu potencial, enquanto outros parecem pouco interessados, muitas vezes fazendo as atividades por obrigação e até mesmo detestando boa parte da vida escolar.

Motivação e necessidade de reforço

De acordo com behavioristas, como Skinner, a aprendizagem ocorre em dependência de estímulos externos, ou seja, somos motivados a agir por conta dos resultados de nosso comportamento. Nesse caso, a motivação estaria relacionada a incentivos externos, extrínsecos ao indivíduo, movendo-os a realizar suas tarefas, suas ações.

Assim, nessa perspectiva, agimos a fim de obter um reforço que vai satisfazer uma necessidade e, à medida que percebemos que o resultado de nossas ações é compensatório, esforçamo-nos para ter um desempenho eficaz. A recompensa, por outro lado, pode vir acompanhada da necessidade de reconhecimento, ou seja, ao realizar determinada atividade esperamos receber os méritos por isso.

As recompensas e reforços são considerados essenciais à aprendizagem e os vemos constantemente em sala de aula, nos elogios do professor, nos carimbos ou palavras motivacionais colocados no caderno do aluno, nas fichas – que depois de acumuladas (pelas respostas comportamentais de aprendizagem adequada) podem ser trocadas por prêmios, na boa nota adquirida em determinada prova ou trabalho.

O interesse pela aprendizagem pode ser visto como útil ou não, em decorrência de possíveis punições ou recompensas materiais ou sociais. Desse modo, na sala de aula, poderá haver maior motivação para aprender, na medida em que as matérias oferecidas estiverem associadas a reforços que satisfaçam certas necessidades dos alunos.

Esforçar-se para aprender determinado conteúdo para evitar perder o recreio, receber uma boa nota, uma bicicleta no final do ano, significa que o aluno está emitindo determinado comportamento para alcançar um reforço. Isso pode dar resultados, mas o problema é a eficácia de determinados resultados e até onde essa aprendizagem não corresponde a uma meta que ao se concretizar perde seu sentido. Desse modo, centrar-se em aprender para conseguir apenas um prêmio, pode resultar numa aprendizagem que não irá permanecer, sendo ineficaz, pois não responde à necessidade de realização pessoal. Quando se estuda apenas para cumprir uma obrigação, para obter uma nota, esquece-se muito mais rápido do que quando se estuda a matéria porque se gosta.

As críticas às teorias behavioristas referem-se à visão um tanto quanto mecanicista e passiva do organismo humano, em que o comportamento resulta numa resposta às estimulações internas ou externas às quais o homem reage de maneira relativamente indefesa. No entanto, a perspectiva de Skinner, já tratada neste livro, defende que o homem explora, reage e age sobre o ambiente, ou seja, não responde simplesmente "às cegas". O que essa teoria não abarca e desconsidera são os processos cognitivos envolvidos na motivação, na emissão dos comportamentos.

Teoria cognitiva da motivação

Na teoria cognitivista, o que ganha destaque e importância são as motivações intrínsecas. Há, portanto, uma grande difusão de que o indivíduo possui internamente as forças que o levam a agir, a conhecer, a aprender, a trabalhar; além de uma visão mais ativa do comportamento. São considerados os aspectos racionais, como objetivos, intenções, expectativas e planos do indivíduo. Considera-se assim, que o homem é capaz de fazer escolhas racionais (Lefrançois, 2008).

Desse modo, o homem racional decide conscientemente o que quer ou não quer fazer. Pode interessar-se pelo estudo da matemática por considerar que esse estudo será útil no trabalho, na convivência social, para um futuro vestibular, ou apenas para satisfazer sua curiosidade ou porque se sente bem quando estuda matemática.

Essa teoria defende que as pessoas agem em razão de suas crenças e das informações que possuem. Fazemos as coisas porque estamos interessados nelas, porque gostamos das atividades e temos satisfação pessoal com elas, por nossos motivos intrínsecos.

Assim, nossos comportamentos e motivações para aprender são determinados pelo nosso pensamento, e não apenas pelas recompensas que recebemos. Não reagimos aos eventos externos, e sim em função das nossas interpretações de tais eventos. São os fatores internos que determinam nosso comportamento.

Quanto mais o indivíduo se percebe eficaz, melhores serão suas construções cognitivas de ações efetivas. Se a atividade que realiza não lhe parece ameaçadora, um senso de autoeficácia otimista pode ser o que predomina. Nesse caso, uma autoavaliação positiva pode levar a um aumento dos anseios, da motivação para aprender determinadas matérias e resultar na expressão de um desempenho que pode revelar os talentos do indivíduo. Aliados à motivação podem estar o conhecimento e o desenvolvimento de comportamentos estratégicos de solução de problemas, de aprendizagem.

Mas podem surgir dificuldades em realizar o desejo do aluno de aprender determinada matéria, podem surgir dificuldades ao tentar efetuá-la, e a percepção que ele tem delas resulta das diferentes formas de pensar e de enfrentar as tarefas escolares propostas, que podem colaborar ou não para a sua consecução.

Lefrançois (2008) explica que, segundo a teoria cognitivista, quando vivenciamos contradições somos motivados a reduzi-las. Nesse caso, se o indivíduo tem determinadas cognições, ou seja, acredita em certos valores e age contrariamente a eles, possui então uma *dissonância cognitiva*. Esta se constitui numa inconsistência de um comportamento que não é tolerado pela própria pessoa e quando isso ocorre, ela motiva-se a reduzir o conflito existente. Em suma, as pessoas procuram agir de maneira a criar um clima de consonância ou consistência entre suas convicções e seus atos.

Um modo de reduzir a dissonância é mudar as crenças ou atitudes que a envolve e revê-las. Por exemplo, se não gosto de História e não me dedico a fazer as leituras e atividades propostas nesta disciplina e descubro que, para o vestibular que pretendo fazer, ela tem um grande peso e pode influenciar diretamente no meu objetivo de entrar para a Universidade, provavelmente serei tomado por uma grande ansiedade. Nesse caso, procurarei obter mais informações a respeito e mudar minhas ações, me dedicando mais a esta matéria. Os conflitos podem ser importantes, se provocam a reflexão sobre os fatores envolvidos, sobre as nossas ações e, ainda, a mudança de atitudes a fim de reduzi-los.

Motivação e hierarquia das necessidades

Segundo Abraham Maslow (1908-1970), um psicólogo humanista norte-americano, o ser humano possui diversas necessidades (elementos motivacionais) que podem ser separadas em categorias hierarquizadas, que seguem uma determinada escala de valores, uma ordem. E, à medida que o homem realiza uma necessidade, outra surge em seu lugar, cabendo a ele buscar os meios para satisfazê-las. No entanto, as necessidades básicas devem ser satisfeitas antes de outras mais elevadas se tornarem importantes (Glassman e Hadad, 2006).

As necessidades humanas variam desde as fisiológicas – consideradas básicas – até a autorrealização, que estaria no topo desta hierarquia. Desse modo, em ordem crescente estão:

a) **as necessidades fisiológicas** que se relacionam com a sobrevivência e preservação da espécie (sono, alimentação, ar, abrigo, descanso, sexo). Estas são as mais fortes, requisito fundamental de sobrevivência, precisam ser satisfeitas em algum grau antes que surjam outras necessidades;

b) **as necessidades de segurança** constituem tanto as físicas (imunidade ao perigo) quanto à segurança psicológica – busca pela estabilidade –, ou seja, correspondem à nossa necessidade de proteção. As crianças, por exemplo, buscam rotinas em que possam confiar, utilizam técnicas de estudo que possam lhe assegurar um certo resultado na prova; os adultos almejam empregos estáveis;

c) **as necessidades sociais** incluem o imperativo de dar e receber afeição e aceitação, sentimento de pertencer, envolvem as amizades, os relacionamentos, o amor. As pessoas procuram amar e ser amadas e em seu cotidiano requisitam essas trocas;

d) **a necessidade de estima** constitui um sentimento de respeito próprio, a autoconfiança, a aprovação social, o prestígio, o sentimento de competência e de capacidade no que se faz. As pessoas querem se sentir valorizadas em sua família, em seu trabalho, na escola, na sociedade, querem ter um retorno positivo de suas ações;

e) **a necessidade de autorrealização**, que estaria no topo da hierarquia, caracteriza-se pelo processo para o qual não há um fim por não se definir apenas por um objetivo em específico. É o desejo do homem desenvolver-se continuamente, usar ao máximo sua competência, seus talentos, suas habilidades. Em síntese, buscamos realizar nossos potenciais e atingir nossos ideais.

De acordo com Maslow, as dificuldades em ver e compreender nossos potenciais prejudicam a autorrealização, haja vista que nos atemos a estereótipos culturais de homens e de comportamentos ideais, deixando para trás o atendimento de nossa própria necessidade.

Assim, Maslow defendeu a ideia de que o comportamento humano pode ser motivado pela satisfação de necessidades biológicas, mas renunciou à teoria de que toda motivação humana poderia ser explicada em termos de privação, necessidade e reforçamento.

Para motivar uma pessoa, você deve identificar qual é a categoria mais baixa na qual ela tem uma necessidade, e suprir essa necessidade antes de pensar em outras categorias mais altas.

Se pensarmos na situação de sala de aula, o aluno pode ter dificuldade em aprender por estar, por exemplo, com fome, por estar inseguro quanto ao futuro, pela dificuldade na autoconfiança, na autoestima etc. Como se vê, o caminho até chegar à realização pode ser um pouco longo, e sentir o desejo da autorrealização é fundamental, por alimentar a vontade de crescer, de conhecer, de desenvolver-se.

Para Maslow, quando se fala em necessidades humanas, em motivações, estamos falando sobre a essência de nossas vidas.

Motivação inconsciente

Como vimos no capítulo que trata da Psicanálise, as primeiras experiências infantis são os principais fatores a determinar o desenvolvimento posterior do indivíduo. Geralmente, as pessoas não têm consciência, não sabem os motivos, as forças que as levam a agir de uma ou de outra forma. A grande maioria das motivações seriam, então, movidas pelo inconsciente.

Durante a maior parte do tempo não estamos cientes de nossos pensamentos, ações, sensações e dos motivos que fazem emergir nossos comportamentos. Ao escolher um livro para ler, ao dormir, ligar o ventilador, realizar determinada atividade escolar, provavelmente não o faremos concentrados no prazer resultante.

Como se dá a motivação inconsciente? Quando criança, todo indivíduo tem uma série de impulsos e de desejos que procura satisfazer. Entretanto, muitos desses impulsos e desejos não podem ser satisfeitos, em virtude das proibições sociais. Nesse caso, o que ocorre é que são reprimidos para o inconsciente e lá se reorganizam a fim de se manifestarem de outra forma, de uma maneira que não contrarie as normas sociais.

Desse modo, muitos impulsos e desejos manifestam-se em atividades artísticas, culturais ou esportivas, isto é, sua energia é utilizada em atividades permitidas; outros podem realizar-se através de sonhos; outros, ainda, por meio de sintomas físicos, doenças psicossomáticas – como a gagueira, dor de cabeça, paralisias parciais etc. (Davidoff, 2001).

Uma desmotivação e aversão de um aluno em estudar determinada disciplina e ter dificuldades em aprender matemática ou qualquer outra matéria, por exemplo, pode ser consequência das primeiras experiências que teve com tal matéria, resultante de um professor autoritário, de uma rejeição por parte dos colegas, de problemas familiares, de uma situação vexatória etc.; pode ser ainda resultante (uma transferência) da relação afetiva com o pai que trabalha com números.

Em suma, inconscientemente as pessoas parecem motivadas a agir, em determinadas situações, de maneira a prever um resultado favorável.

Vale acrescentar que para esta teoria somos movidos por duas pulsões básicas: pulsão de vida, sexual, e pulsão de morte, agressiva. Pulsões essas que são fonte de toda a energia psíquica, que, concentrada no indivíduo, movimenta-o, gerando tensão e exigindo ser descarregada. A motivação aqui teria a equivalência de pulsão. E como vimos no capítulo que trata da Psicanálise, o aparelho psíquico (com as estruturas do ego, id e superego) tem a função de regular e dirigir como será descarregada essa energia, essa tensão gerada com as duas pulsões básicas.

Motivação para a aprendizagem

Tem se tornado difícil aliar os desejos e necessidades dos alunos às exigências escolares. Exigências que se constituem em um tempo determinado para realizar tarefas, para aprender, em formas e meios específicos de ensinar que nem sempre atendem à diversidade presente em sala de aula.

De forma, geral, as teorias que versam sobre a motivação para a aprendizagem, aqui brevemente discutidas, permitem apontar uma série de fatores (extrínsecos e intrínsecos) que podem afetar a motivação do estudante: as expectativas e condutas dos professores, os desejos e aspirações dos pais, familiares, os colegas de sala, a organização, planejamento e metodologias utilizadas em sala de aula, o currículo escolar, a organização do sistema educacional, as políticas educacionais, e ainda as características individuais dos alunos.

A tendência a explicar a falta de motivação sob a perspectiva intrínseca elucida que o aluno estaria desprovido das forças internas que o lançam ao aprendizado, que o impulsionam a permanecer atento na atividade.

Para Murray, a motivação representaria "um fator interno que dá início, dirige e integra o comportamento de uma pessoa" (1986: 20). Por essa vertente intrínseca, a motivação é vista, portanto, como uma força que tem origem no interior do aluno e que o empurra, o impulsiona para realizar as atividades propostas, provocando seu interesse para a aprendizagem.

Assim, o aluno conteria em seu interior (ou não) toda a motivação para aprender, e o seu sucesso escolar estaria vinculado ao seu interesse, aos seus objetivos e metas traçadas. O envolvimento e a manutenção na atividade aconteceriam pela tarefa em si, por ser interessante e produzir satisfação; alunos com esse tipo de motivação trabalham nas atividades por considerá-las agradáveis. Nesse caso, os alunos intrinsecamente teriam como fontes de motivação a curiosidade, o desafio, o controle sobre a ação e a fantasia.

Já uma perspectiva contrária à força motivacional intrínseca, revela que um aluno extrinsecamente motivado é aquele que desempenha uma atividade ou tarefa interessado em recompensas externas ou sociais. Um dos fatores envolvidos seria a preocupação com a opinião e apreciação do outro, e assim, as tarefas propostas são realizadas com o objetivo de agradar pais, professores, colegas, sociedade, para ter reconhecimento externo e com isso receber elogios, ou, ainda, apenas evitar punições e castigos. Assim, os alunos mantêm-se atentos, entusiasmados, ativos na sala de aula.

Concentrar-se nessas motivações externas pode ter como consequência a perda da motivação intrínseca e disso resultar que sua realização deva estar sempre acompanhada de recompensas.

Comumente ouvimos que os alunos estudam em função apenas da avaliação, ou seja, para adquirir uma nota que os leve à aprovação. Assim, o estudo pode não ocorrer na profundidade proposta no processo de ensino, mas sim milimetricamente proporcional à nota requerida para conseguir determinado resultado.

A ameaça das notas, em geral utilizada no cotidiano escolar, pode de algum modo, aliciar o aluno a concluir determinadas tarefas, mas, por outro lado, resultar numa aprendizagem mecânica. Em síntese, as ameaças constituídas na avaliação podem levar a rendimentos específicos, mas não implicar uma aprendizagem significativa.

Por outro lado, destaca-se que o esforço empenhado pelo aluno em aprender pode estar relacionado com o significado que esse aprender tem, ou seja, a utilidade que o mesmo pode representar. Nesse sentido, à medida que o aluno se questiona sobre isso, sobre para que serve saber o que se quer que ele aprenda, seus esforços e interesses tendem a cair ou elevar-se.

A curiosidade pode determinar *a priori* a atenção dos alunos às explicações e tarefas propostas pelo professor. Assim, o aluno pode mostrar-se mais interessado e motivado em razão do significado (a relevância) que tem aprender o que lhes é proposto. Significado esse que pode variar de aluno para aluno, em decorrência de sua própria vivência e de sua experiência escolar, mas que *a priori* deveria ser o de conhecer, de que esse conhecimento possa habilitá-lo a solucionar problemas, a superar dificuldades, a desenvolver-se e a experimentar o sentimento de bem-estar. A curiosidade e a busca em aprender podem estar reveladas nessa questão (Marquesi, 2004).

Nesse caso, aprender depende da importância e utilidade que a aprendizagem tem para o indivíduo, seja para o momento, seja para o futuro no vestibular, seja na carreira profissional. A compreensão da importância do aprender deve estar presente, ou então, tende-se a esvaecer o interesse e o esforço para tal.

O aluno pode, então, passar a participar ativamente quando é capaz de compreender os objetivos de cada tarefa ou exercício executado e, principalmente, quando seu desenvolvimento particularizado é respeitado. Desse modo, aumenta o interesse pelos conteúdos quando os alunos compreendem os significados dos mesmos para sua vida cotidiana ou ainda quando são desafiados a criar, a expressar-se ou refletir sobre os conteúdos, de modo a interagir ativamente com os mesmos e com os seus colegas, a partir da mediação dos professores. É possível que, assim, as potencialidades deles sejam valorizadas, e consequentemente as atividades propostas ganhem sentido, aumentando o interesse e a participação deles (Bzuneck, 2002).

Dessa forma, estudar a motivação para a aprendizagem envolve a compreensão de um complexo sistema de fatores que se inter-relacionam, operando em conjunto na motivação do aluno. Uma avaliação desse fenômeno pressupõe a consideração da existência de tais aspectos, de maneira a não reduzi-los a um de seus elementos.

O professor Rubem Alves explica que comer determinado alimento não se inicia com a alimentação e sim com a fome: "Se não tenho fome, é inútil ter queijo" (2004: 51). E assim, ensaia sobre o aprender, sobre a importância do desejo de fazê-lo e afirma que o pensamento é a ponte construída pelo corpo com o intuito de chegar ao objeto de desejo e, nesse caso, provocar o desejo de aprender vem antes do ensinar de determinado conteúdo. "A tarefa do professor é a mesma da cozinheira: antes de dar faca e queijo ao aluno, provocar a fome [...]" (2004: 55).

Motivação para ensinar

Se fosse possível, aceitaríamos a afirmação que explica a aprendizagem, simplesmente dizendo que cabe primordialmente ao professor seduzir o aluno para que ele deseje e, desejando, aprenda. Deveríamos nos perguntar, por outro lado, o que ou a quem caberia seduzir o professor para que ele deseje e consiga provocar isso no aluno? Os discursos jogados ao vento de que o aluno precisa ser motivado, e que cabe unicamente ao professor fazer isso, negligenciam em sua maioria que ele é também movido por desejos.

Assim, ensinar e motivar os alunos a aprender pode envolver uma série de questões. A primeira delas é quanto ao preparo, à formação dos educadores. Até onde esta os habilita e os assegura para que, nesse processo, suas ações se firmem em planejamentos coerentes com a realidade que os cerca? Para que ensinar? Quem é este aluno para quem se ensina? São algumas indagações precisas e adjuntas do ato de ensinar e que a boa formação pode colaborar para que alguns passos sejam dados ao encontro dessas respostas. Um professor mais preparado e seguro do seu papel pode estar mais motivado a ensinar.

Para tanto, não deve estar sozinho. Uma rede de apoio pode fortalecer o desejo de ensinar, que envolve a colaboração da equipe pedagógica, administrativa, dos pais dos alunos, um sistema de ensino que vislumbre e dê conta de uma educação para todos.

Provavelmente, os professores gostariam que seus alunos estivessem motivados para as aulas, que prestassem atenção, que aprendessem e se desenvolvessem. No entanto, há constantes queixas de que os alunos só se interessam por conteúdos que serão abordados nas provas e que permanecem alheios ao que lhes é ensinado.

Percebe-se que procurar motivar os alunos a fim de que se interessem pela matéria, de que estudem de forma independente e criativa, é muito mais difícil. O que, por sinal, seria muito mais gratificante aos professores e alunos, pois no final desse processo todos poderiam se sentir mais realizados e satisfeitos com suas conquistas.

A motivação para ensinar pode ser fortalecida pelo resultado do ensino, o que fica difícil diante de tamanho desinteresse dos alunos e da constante desvalorização dos profissionais de educação e da culpabilização centrada, muitas vezes, nos mesmos em razão do fracasso do ensino.

a) Estratégias de ensino

O professor, se devidamente preparado, organizado, valorizado, reconhecido, provavelmente estará mais motivado intrínseca e extrinsecamente para realizar as estratégias de ensino que poderão oportunizar ao aluno as motivações necessárias para a apropriação do conhecimento, da cultura.

Além disso, é importante que o educador, durante as atividades de sala de aula, de mediação, provoque a curiosidade e a atenção do aluno para conhecer e aprender, e consiga fazer-se compreender quanto à importância e utilidade do ensino, das disciplinas e dos conteúdos trabalhados. E, na medida dessas compreensões, o aluno poderá estabelecer seus objetivos, aliando-os aos conhecimentos adquiridos nesse processo. Por exemplo, ao estudar ciências, um aluno pode satisfazer seu objetivo de conhecer o corpo humano, de aprender mais sobre ele ou de conhecer um pouco do que estuda um biólogo, um enfermeiro.

Ainda que o professor consiga provocar interesse e motivação, no cotidiano escolar as dificuldades podem aparecer. A colaboração para uma maior motivação virá no sentido de avaliar junto com os alunos as suas possibilidades em enfrentar as dificuldades, com a proposição de tarefas diferenciadas e de *feedback* dos esforços dos alunos, bem como da necessidade de maior envolvimento com as tarefas escolares propostas.

Essas considerações só serão possíveis de serem concretizadas com a avaliação do professor e deste em conjunto com seus alunos, em relação à realização e ao alcance dos objetivos, seja na concretização e avanços alcançados em tarefas, ainda que simples, do cotidiano escolar, seja quanto aos resultados de avaliações formais.

b) Expectativas e motivação

Rosenthal e Jacobson (1986) explicam que, nas relações de ensino-aprendizagem, há muitas discussões sobre as expectativas do professor no que se refere ao desempenho do aluno, e que estas são vistas muitas vezes como profecias educacionais que, no cotidiano escolar, se autorrealizam.

Nesse aspecto, muitos educadores ao conhecer o histórico do aluno, de repetências, de "mau comportamento", de dificuldade de aprendizagem, sua pobreza, sua cor, sua origem de determinado bairro, comumente levantam hipóteses e prognósticos sobre as possibilidades de desenvolvimento e aprendizagem desses alunos. E a motivação do educador, em sua tarefa de ensinar, pode estar perpassada por tais expectativas. Como motivar-se para organizar e realizar uma "boa aula" se a expectativa de resultado positivo é baixa?

Sabe-se que considerar a relação professor-aluno é ponto importante (mas não o único) para compreender os processos de aprendizagem na sala de aula. No entanto, até que ponto a expectativa dos professores, seja ela positiva ou negativa, poderá realmente interferir na qualidade de desempenho de seus alunos?

Para Rosenthal e Jacobson (1986), as ações daqueles que podem interferir são decisivas. Se o professor, por exemplo, realizar mais mediações e lançar maior atenção aos alunos dos quais espera um desenvolvimento intelectual maior, deixando de lado aqueles em cujo aprendizado não acredita, de maneira a não colaborar para seus avanços, é possível que os primeiros alcancem o sucesso e os últimos fracassem.

Porém, se a motivação para aprender e para ensinar depende de múltiplos fatores, que interferem no cotidiano escolar, poderia ser precipitado explicar uma dificuldade, um resultado considerado inapropriado no rendimento escolar, unicamente pela expectativa que o educador ou, ainda, sua família tem do desempenho do aluno. Quem dera toda a problemática da educação escolar pudesse ser resolvida apenas e simplesmente por expectativas autorrealizadoras.

c) Indisciplina

Constantemente nos deparamos com queixas de indisciplina na sala de aula, ou seja, de alunos que se comportam mal, não colaboram, atrapalham o professor, fazem algazarra, enfim, que não prestam atenção no que está sendo ensinado. Será a indisciplina um sintoma da desmotivação, do desinteresse pelo conteúdo ensinado, ou mesmo um sinal de dificuldade em obter sucesso na aprendizagem e, por outro lado, revelar o fracasso escolar?

Evitar e resistir em participar, em realizar as atividades propostas pode significar desmotivação para aprender e, ao invés de reagir com punição, como comumente faz nosso sistema de ensino, é necessário refletir sobre como estão sendo produzidas as relações nesse processo de ensino e aprendizagem.

Há ainda a perspectiva de que a aprendizagem envolve um tipo ideal de aluno. Nesse aspecto, enfatiza-se a importância do aluno ouvir as explicações sobre o conteúdo, quieto em suas cadeiras escolares, sem brincar, olhar para o lado ou conversar, sem piscar. Um comportamento contrário a isso fortalece a ideia de indisciplina.

No entanto, por trás desses comportamentos desmotivados e "irreverentes", também podem ser evidenciados metodologias e procedimentos que refletem atividades e tarefas mecânicas, como cópias de exercícios repetitivos e conteúdos ministrados com pouca vinculação com o cotidiano dos alunos. Por outro lado, temos também um esvaziamento de conteúdos nas aulas com a justificativa do desinteresse do aluno, resultando no esvaziamento do trabalho do professor. Não se pode esquecer que a tarefa do ensino está em transmitir ao aluno aquilo que ele não é capaz de aprender por si mesmo.

Na perspectiva de Boarini (1998), não há como realizar uma leitura do comportamento "indisciplinado" do aluno deslocado de uma leitura do contexto da sociedade, da escola e da família de hoje. Além disso, sua crítica está em que os interesses, os desejos e as motivações do aluno são colocados acima dos interesses coletivos.

Considerações finais

O grande desafio que fica à educação atual é levar o aluno a interessar-se em aprender e não apenas a preocupar-se em obter a certificação.

Centrar-se na motivação pessoal do aluno ou na capacidade do professor em torná-lo mais interessado, pode negligenciar e ocultar a existência de uma série de interferências, como a questão do sistema e organização escolar, cultural, econômica, política e social, que influem positiva ou negativamente no processo de ensino e aprendizagem e na motivação de todos os envolvidos.

Bibliografia

ALMEIDA, L. R. Contribuições da Psicologia de Rogers para a Educação: uma abordagem histórica. In: PLACCO, V. M. N. S. (org.). *Psicologia e educação*: revendo contribuições. São Paulo: Educ, 2003.
ALVES, R. *Desejo de ensinar e a arte de aprender*. Campinas: Fundação Educar. Dpaschoal, 2004.
AZENHA, M. G. *Construtivismo*: de Piaget a Emilia Ferreiro. 6. ed. São Paulo: Ática, 1998.
BAUM, W. M. *Compreender o behaviorismo*: comportamento cultura e evolução. Trad. Maria Tereza Araujo Silva et al. 2. ed. rev. e ampl. Porto Alegre: Artmed, 2006.
BOARINI, M. L. Indisciplina escolar: a queixa da atualidade. In BOARINI, M. L. *Indisciplina escolar e dificuldade de aprendizagem escolar*: questões e debate. Apontamentos n. 69 2. ed. Universidade Estadual de Maringá: Eduem, 1998.
BUROW, O.; SCHERPP, K. *GestaltPedagogia*: um caminho para a escola e a educação. Trad. Luiz Alfredo Lilienthal. 3. ed. São Paulo: Summus, 1985.
BUYS, R. C. A Psicologia Humanista. In: JACÓ-VILELA, A. M.; FERREIRA, A. A. L.; PORTUGAL, F. T (orgs.) *História da Psicologia*: rumos e percursos. 4. ed. Rio de Janeiro: Nau, 2007.
BZUNECK, J. A. A motivação do aluno: aspectos introdutórios. In: BORUCHOVITCH, E.; BZUNECK, J. A. (orgs) *Motivação do aluno*. Petrópolis: Vozes, 2002.
CAMARGO, J. S. O desenvolvimento emocional. In: CAMARGO, J. S.; ROSIN, S. M. (orgs.) *Psicologia e educação*: compartilhando saberes. Formação de Professores EAD; n.12, Maringá: Eduem, 2005.
CARVALHO, M. V. C. A Construção social, histórica e cultural do psiquismo humano. *Educativa*, 10 (1), 47-68, jan./jun. 2007. Departamento da Universidade Católica de Goiás, Goiânia.
CASTORINA, J. A.; FERREIRO, E.; LERNER, D.; OLIVEIRA, M. K. de. *Piaget-Vygotsky*: novas contribuições para o debate. Trad. Cláudia Schilling. São Paulo: Ática, 1997.
DANTAS, H. *A infância da razão*: uma introdução à Psicologia da inteligência de Henry Wallon. São Paulo: Manole Dois, 1990.

_____. A afetividade e a construção do sujeito na Psicogenética de Wallon. In: LA TAILLE, Y.; OLIVEIRA, M. K.; DANTAS, H. *Piaget, Vygotsky, Wallon*: teorias psicogenéticas em discussão. São Paulo: Summus, 1992.

DAVIDOFF, L. L. Motivação. In: DAVIDOFF, L. L. *Introdução à Psicologia*. 3. ed. São Paulo: Makron Books, 2001.

ELKONIN, D. Sobre el problema de La periodización del desarrollo psíquico en la infancia. In: DAVÍDOV, V.; SHUARE, M. (orgs), *La Psicologia Evolutiva y Pedagógica en la URSS (Antología)* (pp.5-24). Moscú: Progreso, 1987.

FALCONE, E. M. O. As bases teóricas e filosóficas das abordagens cognitivo-comportamentais. In: JACÓ-VILELA, Ana Maria; FERREIRA, Arthur A. L.; PORTUGAL, Francisco T. (orgs.). *História da psicologia*. Rio de Janeiro: Nau, 2006, v. 1, p. 195-214.

FERRARI, M. Emilia Ferreiro: a estudiosa que revolucionou a alfabetização. *Revista Nova Escola*, São Paulo, edição especial, outubro de 2008. Disponível em: <http://revistaescola.abril.com.br/lingua-portuguesa/alfabetizacao-inicial/estudiosa-revolucionou-alfabetizacao-423543.shtml>. Acessado em: 1º set. 2010.

FERREIRO, E. (org.) *Os filhos do analfabetismo*: proposta para a alfabetização escolar na América Latina. 2. ed. Porto Alegre: Artes Médicas, 1991.

_____. *Alfabetização em processo*. São Paulo: Cortez & Autores Associados, 1986.

_____. *Com todas as letras*. 6. ed. São Paulo: Cortez, 1992.

_____. *Reflexões sobre alfabetização*. 24. ed. atualizada. São Paulo: Cortez, 2001.

_____; TEBEROSKY, A. *Psicogênese da língua escrita*. 4. ed. Porto Alegre: Artes Médicas, 1991.

FREUD, S. *Moisés e o monoteísmo esboço de Psicanálise e outros trabalhos*. Rio de Janeiro: Imago, 1975.

_____. Considerações Teóricas. In: FREUD, S. *Edição standard brasileira das obras psicológicas completas de Sigmund Freud* Rio de Janeiro: Imago, 1976a, v. 2. (Trabalho original publicado em 1914).

_____. Algumas reflexões sobre a Psicologia do escolar. In: FREUD, S. *Edição standard brasileira das obras psicológicas completas de Sigmund Freud* Rio de Janeiro: Imago, 1976b, v. 13. (Trabalho original publicado em 1913).

_____. Parte III-Teoria Geral das Neuroses. In: FREUD, S. *Edição standard brasileira das obras psicológicas completas de Sigmund Freud*. Rio de Janeiro: Imago, 1976c, v. 16.

_____. Novas conferências introdutórias sobre Psicanálise. In: FREUD, S. *Edição standard brasileira das obras psicológicas completas de Sigmund Freud*. Rio de Janeiro: Imago, 1976d, v. 22. (Trabalho original publicado em 1936).

_____. Novas conferências introdutórias sobre Psicanálise. In: FREUD, S. *Edição standard brasileira das obras psicológicas completas de Sigmund Freud*. Rio de Janeiro: Imago, 1976e, v. 23.

GALVÃO, I. *Henri Wallon*: uma concepção dialética do desenvolvimento infantil. 7. ed. Petrópolis: Vozes, 2000.

GLASSMAN, W. E.; HADAD, M. *Psicologia*: abordagens atuais. Trad. Magda França Lopes. Porto Alegre: Artmed, 2006.

JUSTO, H. *Carl Rogers: teoria da personalidade, aprendizagem centrada no aluno*. Porto Alegre: Livraria Santo Antonio, 1973.

KUPFER, M. C. *Freud e a educação*: o mestre do impossível. São Paulo: Scipione, 2000.

LEFRANÇOIS, G. R. *Teorias de aprendizagem*: o que a velha senhora disse. Trad. Vera Magyar. 5. ed. São Paulo: Cengage, 2008.

LEONTIEV, A. N. *O Desenvolvimento do psiquismo*. Lisboa: Livros Horizontes, 1978.

LUNA, S. V. Contribuições de Skinner para a Educação. In: PLACCO, V. M. N. S. (org.), *Psicologia e educação*: revendo contribuições. São Paulo: Educ, 2003.

MACEDO, A. A. D.; CAMPELO, M. E. C. H. *Psicogênese da língua escrita*: as contribuições de Emilia Ferreiro à alfabetização de pessoas jovens e adultas. Disponível em <http://www.anped.org.br/reunioes/27/gt18/t181.pdf>. Acessado em: 2 set. 2010.
MAHONEY, A. A. Contribuições de H. Wallon para a reflexão sobre questões educacionais. In: PLACCO, V. M. N. S. (org.). *Psicologia e educação*: revendo contribuições. São Paulo: Educ, 2003.
MARQUESI, A. O aluno com pouca motivação para aprender. In: COLL, C., MARQUESI, A.; PALÁCIOS, J. (orgs.) *Desenvolvimento psicológico e educação: transtornos de desenvolvimento e necessidades educativas especiais*. Porto Alegre: Artes Médicas, 2004.
MAUCO, G. *Psicanálise e educação*. Rio de Janeiro: Moraes, 1968.
MELLO, S. A. Infância e humanização: algumas considerações na perspectiva histórico-cultural. *Perspectiva,* 1 (25), 83-104. Florianópolis, jan.-jun., 2007.
MENEZES, C. Perfil: Dissonância na alfabetização. *Folha Online*, São Paulo, 25 nov. 2003. Disponível em <http://www1.folha.uol.com.br/folha/sinapse/ult1063u644.shtml>. Acessado em: 5 set.2010.
MERANI, A. L. *Psicologia e Pedagogia*: As ideias pedagógicas de Henri Wallon. Trad. L. de Almeida Campos. Lisboa: Editorial Notícias, 1977.
MORAES, M. O. Gestaltismo e o retorno à experiência psicológica. In: JACÓ-VILELA, A. M.; FERREIRA, A. A. L.; PORTUGAL, F. T (orgs.). *História da Psicologia*: rumos e percursos. 4. ed. Rio de Janeiro: Nau, 2007.
MORGADO, M. A. Contribuições de Freud para a Educação. In: PLACCO, V. M. N. S. *Psicologia e educação*: revendo contribuições. São Paulo: Educ, 2003.
MURRAY, E. J. *Motivação e emoção*. Rio de Janeiro: Guanabara-Koogan, 1986.
PALANGANA, I. C. *Desenvolvimento e aprendizagem em Piaget e Vygotsky*: a relevância do social. São Paulo: Summus, 2001.
PIAGET, J. & INHELDER, B. *A Psicologia da criança*. (Trad. Octavio Mendes Cajado). Rio de Janeiro: Difel, 2006.
PIAGET, J. *O estruturalismo*. Trad. Moacir Renato de Amorim. São Paulo: Divisão Europeia do Livro, 1970.
_____. *Psicologia e epistemologia*: por uma teoria do conhecimento. Trad.Agnes Cretella. Rio de Janeiro: Forense, 1973.
_____. Epistemologia genética e pesquisa psicológica. Rio de Janeiro: Freitas Bastos, 1974.
_____. *A construção do real na criança*. Trad. Alvaro Cabral. 2. ed. Rio de Janeiro: Zahar, 1975.
_____. *A equilibração da estruturas cognitivas*. Trad. M.M. Santos Penna. Rio de Janeiro: Zahar, 1976.
_____. *Seis estudos de Psicologia*. Trad. Maria Alice Magalhães e Paulo Sergio Lima Silva. 24. ed. Rio de Janeiro: Forense Universitária, 2007.
PUENTE, M. D. L. *O ensino centrado no estudante: renovação e crítica das teorias educacionais de Carl R. Rogers*. São Paulo: Cortez & Moraes, 1978.
ROGERS, C. R. *Liberdade para aprender*. Trad. Edgar Godói da Matta Machado e Márcio Paulo de Andrade. 4. ed. Belo Horizonte: Interlivros, 1978.
_____. *Tornar-se pessoa*. Trad. Manuel José do Carmo Ferreira. 6. ed. São Paulo: Martins Fontes, 1982.
_____. *Liberdade para aprender em nossa década*. Trad. José Octávio de Aguiar Abreu. 2. ed. Porto alegre: Artes Médicas, 1986.
ROSENTHAL, R.; JACOBSON, L. Profecias autorrealizadoras na sala de aula: as expectativas dos professores como determinantes não intencionais da capacidade intelectual dos alunos. In: PATTO, M. H. S. (org.). *Introdução à Psicologia escolar*. 4. ed. São Paulo: T. A. Queiroz, 1986.
SAVIANI, D. Sobre a natureza e a especificidade da educação escolar. In: SAVIANI, D., *Pedagogia histórico-crítica:* primeiras aproximações. 9. ed. Campinas: Cortez- autores associados, 2005.

SHUARE, M. La Concepcion Histórico-Cultural de L. S. Vigotski. In: SHUARE, M., *La Psicologia Soviética tal como yo la veo*. Moscú: Progreso, 1990.

SHULTZ, D. P.; SCHULTZ, S. E. *História da Psicologia moderna*. 11. ed. São Paulo: Cultrix, 1999.

SILVA, C. A.; BRITTO, F. B. S. *Paulo Freire e Emilia Ferreiro*: inspirações para a alfabetização de jovens e adultos. Disponível em <http://www.fja.edu.br/praxis/praxis_02/documentos/ensaio_4.pdf>. Acessado em: 2 set. 2010.

SIQUEIRA, L. G. G.; WECHSLER, S. M. Motivação para a aprendizagem escolar: possibilidade de medida. *Aval. Psicol.*, jun. 2006, v.5, n.1, p.21-31.

SKINNER, B. F. *Tecnologia do ensino*. São Paulo: Edusp, 1972.

_____. *Ciência e comportamento humano*. Trad. João Carlos Todorov, Rodolfo Azzi. 11. ed. São Paulo: Martins Fontes, 2007.

SOUZA, A. S. L. Psicanálise e Educação: Lugares e Fronteiras. In: OLIVEIRA, M. L. (org.). *Educação e Psicanálise*: história, atualidade e perspectivas. São Paulo: Casa do Psicólogo, 2003.

TEBEROSKY, A. A iniciação do mundo da escrita. In: TEBEROSKY, A. et al. *Compreensão da leitura*: a língua como procedimento. Porto Alegre: Artmed, 2003, pp. 57-66.

TULESKI, S. C. *Vygotski*: a construção de uma Psicologia marxista. Maringá: Eduem, 2002.

VIGOTSKI, L. S. Fundamentos de defectología. In: *Obras Escogidas* (tomo V). Madrid: Visor Distribuiciones, 1997. (original publicado em 1983).

VIGOTSKI, L. S. *A construção do pensamento e da linguagem*. Trad. Paulo Bezerra. São Paulo: Martins Fontes, 2001.

VIGOTSKI, L. S.; LURIA A. R. A criança e seu comportamento. In: VYGOTSKY, L. S.; LURIA A. R. *Estudos sobre a história do comportamento:* Símios homem primitivo e criança. Porto Alegre: Artes Médicas, 1996.

VYGOTSKI, L. S. Problemas del desarrollo de la psique. *Obras Escogidas* (tomo III). Madrid: Visor Distribuciones, 2000. (Original publicado em 1983).

WALLON, H. *A evolução psicológica da criança*. Trad. Ana Maria Bessa. Lisboa: Edições 70, 1968.

_____. *As origens do caráter na criança*: os prelúdios do sentimento de personalidade. Trad. Pedro da Silva Dantas. São Paulo: Difusão Europeia do Livro, 1971.

Os autores

Nelson Piletti graduou-se em Filosofia, Pedagogia e Jornalismo. É mestre, doutor e livre-docente em Educação pela Universidade de São Paulo (USP). Ex-professor do ensino fundamental e médio. Professor aposentado de Introdução aos Estudos de Educação e de Psicologia Educacional, no curso de Licenciatura, e de História da Educação Brasileira, na Pós-graduação da Faculdade de Educação da Universidade de São Paulo (USP). Autor de vários livros nas áreas de História e Educação e coautor da biografia *Dom Helder Camara: o profeta da paz*, publicada pela Editora Contexto.

Solange Marques Rossato é graduada e mestre em Psicologia pela Universidade Estadual de Maringá, onde é professora do Departamento de Psicologia. Ex-professora de educação infantil, ensino fundamental e médio, é pesquisadora em Educação Especial e Queixa/Fracasso Escolar (problemas de aprendizagem e comportamento) e psicóloga escolar.

CADASTRE-SE
EM NOSSO SITE,
FIQUE POR DENTRO DAS NOVIDADES
E APROVEITE OS MELHORES DESCONTOS

LIVROS NAS ÁREAS DE:

História | Língua Portuguesa
Educação | Geografia | Comunicação
Relações Internacionais | Ciências Sociais
Formação de professor | Interesse geral

ou
editoracontexto.com.br/newscontexto

Siga a Contexto
nas Redes Sociais:
@editoracontexto

GRÁFICA PAYM
Tel. [11] 4392-3344
paym@graficapaym.com.br